企業と法

小島 庸和 著

五絃舎

はしがき

　本書の題名「企業と法」は，「企業法」という法領域を一般的に表現した語である。企業法に属するのは，わが国では，現在，商法及び会社法を含め多数の法規である。これらの法規は，明治の頃，大陸法制を骨子として制定され，また，それ以来，幾多の改正，特に，第二次大戦後の，英米法制の影響を受けた改正を経て，今日の現行法に至っている。

　ところが，近年の経済及び社会の変革に伴って，地縁・血縁共同体（家族や村落共同体）を基調とする団体主義的な社会から，個人を尊重する欧米の法制を受容する個人主義社会（憲法の理念）へと変遷する時代（過渡期）の潮流を背景として，企業の不祥事を始め，いろいろな社会・経済問題が発生している。その結果，企業法を始め，わが国の法制に対する再認識の要請が起こり，最近，「法令遵守」（コンプライアンス）や「企業の社会的責任」（CSR）の問題が論議されている。そこで，企業法に対する認識及び視点を明らかにする必要がある。

　会社等の企業は，歴史的な事実からみると，商法の制定によって創設されたものである。これに対し，理論的にみると，私有財産制及び営業の自由を採用する，わが国の法制を基盤として，かつ，明治の頃の時代及び社会の要請を背景として，会社等の企業は誕生したものである。そうすると，会社等の企業は，わが国の社会に実在し，かつ，時の経過に伴って定着したものであって，これらの企業を法規制するのが企業法といえる。このような認識に基づいて，企業法の考察を進

めてみたい。

　また，企業のうち，会社，特に，株式会社の社会的な地位及び役割を考慮すると，出資者（資本家）＝株主，また，経営者＝取締役を始めとして，従業員（労働者）・取引者・債権者（銀行等）・消費者をも含め，地域住民・官庁（税務署・監督官庁）に至るまでも，広く「利害関係者」（ステークホルダー）となる。しかし，これらは，それぞれ互換性があり，いずれの地位にもなり得るものである（例えば，企業の従業員は，株主にもなり，取引者にもなり，消費者ともなり，地域住民ともなる）。そうすると，社会の大多数を占める一般市民（いわゆる常民）の視点が大切となる。このような視点から，企業法の考察を進めてみたい。

　これらの認識及び視点を前提として，本書は，「企業と法」という統一テーマを掲げて，次の四つの論点を解説し，かつ，これらの論点を具体的な事例に適用する，という構成から成り立っている。

　第一章【1】は，「企業の法」と題し，企業法と企業形態法を解説する。これは，高千穂論叢45巻2号（高千穂大学　2010・8発行）1～15頁の「企業と法」（Enterprise and Laws）を基礎にしたものである。

　第二章【2】は，「株式会社」と題して，企業の法形態の中心となる会社，特に，株式会社の法的なシステムを解説する。これは，高千穂論叢45巻1号（高千穂大学　2010・5発行）27～46頁の「株式会社と法」（Stock Corporation and Laws）を基礎にしたものである。

　第三章【3】は，「有価証券」と題し，有価証券，特に，手形と小切手の取引に関する法規制を解説する。これは，高千穂論叢45巻3号（高千穂大学　2010・10発行）1～18頁の「有価証券と法」（Securities and Laws）を基礎にしたものである。

　第四章【4】は，「知的財産」と題して，知的財産の法的な保護を

解説する。これは，応用社会学研究51巻（立教大学　2009発行）105〜115頁の「『知財』の独占と『競争』の自由」(Monopoly vs. Free Competition in Intellectual Property) を基礎にしたものである。

　第五章【5】は，「起業と運営」と題し，これらの四つの論点に応じて，それぞれ設題をあげて，解答を求めるものである。これらに必要となる資料をいくつか掲載する。

　本書の発行にあたり，先学の研究者諸氏，大学の教職員の皆様，家族の者達に感謝し，また，長年にわたり，私の書籍の発行に携わり，かつ，多大なご助力をいただきました五絃舎の長谷雅春氏に厚く感謝いたします。

　　2011年2月25日

　　　　　　　　梅花の香漂い，桜花待つ，みかげの森の，古き庵にて

　　　　　　　　　　　　　　　　　　　　　小　島　庸　和

目　次

【1】企業の法 ——————————————————— 1

§1. はじめに ——————————————————— 1

§2. 企業法 ——————————————————— 2

　1. 意　義 ………………………………………………… 2

　　(1) 規制の対象　(2) 規制の方法　(3) 規制の目的

　2. 法　源 ………………………………………………… 3

　　(1) 法源の種類　(2) 適用順位

　3. 商法的考察 …………………………………………… 6

　　(1) 形式的意味　(2) 実質的意味

　4. 実態的考察 …………………………………………… 8

　　(1) 企業の法　(2) 法的地位

§3. 企　業 ——————————————————— 10

　1. 企業形態 ……………………………………………… 11

　　(1) 形　態　(2) 選　択

　2. 会　社 ………………………………………………… 12

　　(1) 社　団　(2) 法　人　(3) 営　利

　3. 会社の種類 …………………………………………… 14

　　(1) 持分会社　(2) 株式会社

§4. おわりに ——————————————————— 17

　(注) ……………………………………………………… 17

【2】株式会社 ———————————————————— 21

§1. はじめに ———————————————————— 21
§2. 社　団 ———————————————————— 23
　1. 定　款 ·· 23
　　(1) 意　義　(2) 記載事項
　2. 株　式 ·· 24
　　(1) 株主権　(2) 株　式　(3) 譲　渡
　3. 機　関 ·· 29
　　(1) 意思機関　(2) 執行機関　(3) 監督機関
§3. 営　利 ———————————————————— 34
　1. 出　資 ·· 35
　　(1) 新株発行　(2) 新株予約権　(3) 社債の発行
　2. 配　当 ·· 36
　　(1) 計　算　(2) 剰余金
§4. 法　人 ———————————————————— 39
　1. 設　立 ·· 39
　　(1) 定款の作成　(2) 発起設立と募集設立
　　(3) 設立登記　(4) 責任・瑕疵
　2. 変　更 ·· 41
　　(1) 組織変更　(2) 事業の譲渡・譲受等　(3) 合　併
　　(4) 分　割　(5) 交換・移転
　3. 解　散 ·· 42
　　(1) 解　散　(2) 清　算
§5. おわりに ———————————————————— 43
　(注) ·· 43

【3】有価証券 —————————————————————————— 47

§1．はじめに ———————————————————————— 47

§2．有価証券 ————————————————————————— 48

1．意　義 ………………………………………………………………… 48

2．性　質 ………………………………………………………………… 49

（1）権利と証券の結合　（2）権利の性質　（3）権利者の指定

（4）権利と原因　（5）公信力

3．範　囲 ………………………………………………………………… 50

（1）種　類　（2）区　別

§3．手形・小切手 ——————————————————————— 51

1．意　義 ………………………………………………………………… 51

（1）意　義　（2）性　質

2．機　能 ………………………………………………………………… 52

（1）約束手形　（2）為替手形　（3）小切手

§4．手形・小切手の発行 ———————————————————— 53

1．手形・小切手記載事項 ……………………………………………… 53

（1）必要的記載事項　（2）有益的記載事項

（3）無益的記載事項　（4）有害的記載事項　（5）署　名

2．効　果 ………………………………………………………………… 56

（1）約束手形　（2）為替手形　（3）小切手

3．手形・小切手行為 …………………………………………………… 57

（1）能　力　（2）代　理　（3）偽造・変造

（4）白地手形・小切手　（5）行為の独立

§5．流　通 —————————————————————————— 59

1．裏　書 ………………………………………………………………… 59

2．特殊な裏書 …………………………………………………………… 60

(1) 戻裏書・期限後裏書　(2) 質入裏書・取立委任裏書

　　3．効　果 ·· 61

　　　(1) 権利移転的効力　(2) 担保的効力　(3) 資格授与的効力

　　4．善意者の保護 ·· 62

　　　(1) 善意取得　(2) 抗弁の制限

　　5．引受・保証 ·· 62

　　　(1) 引　受　(2) 保　証　(3) 支払保証

§6．決　済 ───────────────────── 64

　　1．支　払 ·· 64

　　　(1) 意　義　(2) 支払呈示　(3) 支払時期・方法

　　　(4) 支払調査・免責　(5) 線引小切手

　　2．遡　求 ·· 66

　　　(1) 意　義　(2) 要　件　(3) 手　続　(4) 再遡求・参加支払

　　3．時効と利得償還請求 ·· 66

　　　(1) 時　効　(2) 利得償還請求

§7．おわりに ────────────────────── 67

　　(注) ·· 67

【4】知的財産 ─────────────────────── 69

§1．はじめに ────────────────────── 69

§2．法の歴史 ────────────────────── 71

　　1．創成期 ·· 72

　　　(1) 模倣の自由　(2) 保護の要請

　　2．形式期 ·· 72

　　　(1) 法の制定　(2) 権利の法　(3) 形式的保護

3．実質期……………………………………………………… 73
　　　(1) 民法の影響　(2) 私的財産論　(3) 実質的保護
　　4．現代期……………………………………………………… 75
　　　(1) 独占の限界　(2) 対象の拡大
§3．法の現状 ──────────────────────── 76
　　1．知的財産法………………………………………………… 76
　　　(1) 規制の対象　(2) 規制の方法　(3) 規制の目的
　　2．知的財産権の本質………………………………………… 80
　　　(1) 独占権の論議　(2) 禁止権の論議　(3) 知的財産権の本質
　　3．保護の問題………………………………………………… 83
　　　(1) 保護の拡張　(2) 保護の縮減
§4．法の理解 ──────────────────────── 84
　　1．権利者の視点……………………………………………… 85
　　2．公衆の視点………………………………………………… 85
　　3．統合的な視点……………………………………………… 86
§5．おわりに ──────────────────────── 87
　　(注)…………………………………………………………… 88

【5】起業と運営 ──────────────────────── 93
§1．設題と解答 ─────────────────────── 93
　　1．設　題……………………………………………………… 93
　　　(1) 技術開発の例　(2) 起業の例　(3) 危ない会社の判断例
　　　(4) 証券取引の例
　　2．解　答……………………………………………………… 96
　　　(1) 知的財産の理解　(2) 企業形態の理解　(3) 株式会社の理解
　　　(4) 手形・小切手の理解

§2. 資 料 ―――――――――――――――――――― 97
　1．株式会社優成の定款……………………………………… 97
　2．株式会社の登記簿謄本 ………………………………… 102
　3．株式会社の決算公告 …………………………………… 105
　4．手形・小切手 …………………………………………… 106

【1】企業の法

§1．はじめに

　現代の経済社会において，企業は，営利を実現する経済単位として，重要な地位と役割を果たし，また，個人企業から会社企業に至るまで，いろいろな形態（種類）を有する。これらの企業をめぐる生活関係（企業の組織及び取引）を規制するために，「商法」という法領域が存在する。ところが，商法は，法制史的にみると，中世の封建社会では，商業の発展に伴って，「商人階級の法」（商人法）として誕生したが，近代の市民社会になり，営業自由の原理に基づいて，「商取引の法」（商事法）に変わり，現代の経済発展に伴って，いろいろな営業形態が登場したので，これらを包摂するために「企業法」へと発展を遂げる。「商法から企業法へ」と変遷する。
　わが国の法制は，「商法」という名称の法律＝「商法典」を中心とし，これと同質の多数の法令を加えて，「商法」(commercial law, handelsrecht, droit commercial) という法領域を形成して来た。ところが，商法典は，既に，「手形法」及び「小切手法」を分離し，また，最近，「会社法」をも分離している。そうすると，商法は，個人企業及び組合企業を「商人」（個人商人）として，また，公企業及び公益法人を「商人」（法人商人）として，総則及び商行為の規定を適用することになる。法人商人の典型としての「会社」に対して，会社法は，株式会社と持分会社

（合名会社・合資会社・合同会社）に大別してそれぞれ規制する。その結果，商法は，法典としての地位を相対的に低下するに至った，といってよい。これは，「商法」から「企業法」への変遷を完成し，従って，現在では，商法＝企業法の法領域を確立したものとする。

　本稿では，「企業法」という法領域を明らかにするために，実定法的及び実態的な観点から考察し，また，この対象となる企業のいろいろな法形態を取り上げて検討してみたい。

§2．企業法

1．意義

　「企業法」(business law, Unternehmungsrecht) とは何か。わが国の法制においては，「企業法」という名称の法律があるわけではない。企業法は，商法及び会社法を始め，商業登記法・手形法・小切手法等，多数の法規を統一的かつ体系的に把握して，一つの法原理に基づいて確立した法領域である。これは，企業に特有な法，または，企業に特有な需要に応ずるための法をいい，企業をめぐる利害関係者の利益を調整するために，企業関係を対象とし，かつ，私法的な規律をする法と解すべきである(注1)。そこで，法規制の対象・目的・方法の確定を通して，企業法という法領域を考察してみたい。

　(1) **規制の対象**　企業法は，企業関係を対象として規制する。「企業」（営利行為を計画的・継続的に行なう独立の経済単位）をめぐる生活関係（例えば，企業と企業の取引，企業と消費者の取引，企業の組織等）である(注2)。これは，一般の経済生活（例えば，家計的経済・消費生活経済等）と比較すると，特殊性を帯びている（例えば，学生は，友人が読み終えた小説を安く買い取り，また，書店から新しい六法を購入したとする。いずれも，本の購入であり，売買契約となる。ところが，これらの取引は事情が

異なる。それは，友人は企業ではないのに対し，書店は企業となるためである）。**営利性**（収支相補うという独立採算制）及びこれから派生する集団性・反復性である[注3]。そこで，企業関係の特有な需要に応ずるために，企業法が必要となる。

(2) **規制の方法**　企業法は，私法的な方法をもって企業関係を規制する。企業関係をめぐり，企業・消費者等の経済主体は，相互間にいろいろな法律関係を形成する。これらの法律関係を「権利と義務の秩序」をもって，民法と同様に，私法的に規律する。しかし，私法的規律に限られるわけではない。私法的な規律を実現するために直接関係のある公法法規（例えば，訴訟関係法等の手続法。商業登記法等の行政法・会社罰則等の刑法）も属する[注4]。

(3) **規制の目的**　企業法は，企業をめぐる利害関係者の利益の調整を目的とする。企業関係をめぐり，企業と企業，企業と消費者等，経済主体の間において生ずる利害関係を調節する必要がある。しかし，どのような観点（商法の理念）から，これらの利益を調節するか，という問題が生ずる。企業の利益追求を優先する観点（企業本位の思想）からみると，企業組織の「企業の維持・強化」（企業の形成を容易にし，企業を維持・強化すること）及び企業取引の「取引の安全」（企業取引は，営利を目的として継続的・集団的であるので，取引の安全・迅速を確保すべきこと）の原理を認めればよい。これに対し，企業の社会的な責任（CSR　Corporate Social Responsibility）を重視する観点（社会本位の思想）からみると，これらの原理に加えて，「公共性」「道徳性」「顧客・消費者保護」の原理を考慮すべきことになる[注5]。

2．法源

企業法の「法源」(source of law, Rechtsquelle, sorcess du droit)（法の存在形式）の種類を明らかにし，また，これらの法源の適用の順位を検討す

る(注6)。

(1) **法源の種類** 企業法の法源には，いろいろな種類の法がある。成文法と不文法の分類，また，制定法・慣習法・判例法の分類を基礎として，これらの法を以下の通り整理する。

企業法は，「成分法」(written law) を原則とする。それは，複雑かつ技術的な企業関係を明確にするためである。これは，制定法と自治法に分類できる。一つは，「制定法」(国家が成文の形で制定した法) であり，「商法典」を基本とする。1899年（明治32年）に制定されかつ施行された法律（明治32年　法律48号）であって，それ以後，経済の発展及び実情に応じて，幾多の改正を経て現在に至る。この例外となるのは，「特別法」(商法典の規定を補充・変更する法) と「条約」(国家間の文書化された合意) である。前者は，付属法令（商法典の規定を施行・具体化するもの）として，商法施行法（明32年　法律第49号）・商業登記法（昭38年　法律第125号）等が属し，また，独立法令（商法の規定を補充・変更するもの）として，会社法（平17年　法律第86号），手形法（昭7年　法律第20号），小切手法（昭8年　法律第57号），不正競争防止法（平5年　法律第47号），担保付社債信託法（明38年　法律第52号），社債・株式の振替に関する法律（平13年　法律第75号），金融商品取引法（昭23年　法律25号）等が属する。後者は，自己執行的な条約（締約国民相互間の法律関係を直接に規律する条約）に限り，例えば，船舶衝突（大正3　条約1）や海難救助（大正3　条約2）に関する統一条約等が属する。他は，「自治法」(国家以外の団体が組織・構成員について自主的に定めた法) である。例えば，会社の定款（会社の組織及び活動を定めた重要規則）・証券取引所の業務規程（証券取引所の有価証券市場における業務及び会員の売買取引を定めた規則）・手形交換所の交換規則（手形交換所の組織・手形交換手続等を定めた規則）等が属する。これは，制定法に基礎をおくので，強制法規に反しない範囲で効力を有する。

これに対して，企業法は，「不文法」(unwritten law) としても存在す

る。それは，制定法の欠陥を補充する（集団的・反覆的な企業関係に対応して，制定法と実態との間隙を埋める）ためである。

　これは，慣習法・判例法・条理に分類できる（判例法と条理の法源性については問題が残る）。「慣習法」(customary law)（裁判所で企業法として適用されるに至った商慣行）は，例えば，手形法10条で明文化される前の白地手形の取引（大審院大正15年12月16日判決　民集5巻841頁）等が属し，いわゆる事実たる慣習（民法92条）とは異なる。問題は，普通取引約款（例えば，運送・倉庫・保険・銀行等，特定種類の取引に画一的に適用される典型的な契約条項）の拘束力を自治法又は商慣習とみるかであるが，商慣習と解する。「判例法」（先例となる裁判）は，例えば，法人の能力の範囲・法人格否認の法理が属する（【2】株式会社の注11及び注12を参照）。「条理」（物事の道理）は，実際に，衡平の観念・社会の通念・経験則等として判例で適用されている。

　(2) **適用順位**　企業法の法源にはいろいろな種類があるので，これらの法源を適用する順位が問題となる。これは，法の一般原則によって解決すればよい。一つは，「特別法は一般法に優先する」の原則（例えば，条約や特別法は商法典に優先して適用され，また，商法典は，民法典に優先して適用される）である。他は，「制定法は慣習法に優先する」の原則（例えば，商法典は慣習法に優先する）であり（通則3条），また，「商慣法は民法に優先する」の商法の例外規定である（商法1条②）。そうすると，企業関係に対して適用になる法源は，次のような順位である。企業法として，第一に，強行法規（任意法規に対する。当事者の意思に関係なく適用される法規）に反しない限りで，自治法であり，第二に，特別法と条約であり，第三に，商法典であり，第四に，商慣習法となり，また，一般法として，第五に，民事特別法であり，第六に，民法典となる。

3. 商法的考察

　企業法を実定法の観点より考察する。商法典から出発し，これに関連する多数の法令を加えて，「商法」という法領域を確立するために，商法の対象を深求した結果，「商事法」を止揚し「企業法」へと発展することになった(注7)。

　(1) **形式的意味**　商法とは，形式的にみると，「商法」という名称の法律（明治32年　法律48号），即ち，「商法典」をいい，1899年（明治32年）の制定・施行から現在まで幾多の改正を受けている（実定法としての商法は，それぞれの国の歴史的な事情及び立法政策・技術等に基づいているので，これを有しない英米の法制もあるし，また，これを有する大陸の法制も，時代や国によって内容を異にする）。1932年（昭和7年）の「手形法」及び1933年（昭和8年）の「小切手法」の制定に伴って，「手形」編は削除され，また，2005年（平成17年）の「会社法」（平成17年　法律86号）の制定に伴って，会社編は削除された。その結果，商法典は，現在，「総則」・「商行為」・「海商」の3編から構成されている。

　第1編「総則」（商法1条～32条）は，通則（商法1条～3条）を除いて，商人の意義を明らかにし，商業登記（営業の公示制度），また，商号・商業帳簿（営業の物的設備）及び商業使用人・代理商（営業の人的設備）を定める。第2編「商行為」（商法501条～683条）は，商行為の意義を明らかにし，これに適用される通則（民法の特則），また，商事売買，特殊な制度（交互計算・匿名組合），特定の営業（仲立業・問屋業・運送取扱業・運送業・倉庫業・保険業）を定める。第3篇「海商」（商法684条～851条）は，海上営業の組織及び活動を定める。

　商法典は，「商事」（商法的法律事実）を対象とし，これを商人（merchant, kaufmann, commerçant）と商行為（Handelsgeschäft, acte de commerce）の関係から決定する（商法1条）。これは，「商行為法主義」に立脚し，かつ，「商人

法主義」を加味する立場を採用する。すなわち，一定の営業取引を「商行為」＝絶対的商行為（商法501条）と営業的商行為（商法502条）とし，また，これから商人＝「固有の商人」（商法4条①）を定める。しかし，商行為を行わない者でも商人＝「擬制商人」（商法4条②）とし，また，商人の営業を商行為＝「付属的商行為」（商法503条）とする（例えば，八百屋が看板を並べて二軒ある。一方では，農家から野菜を仕入れ客に販売している。他方は，農家が店舗を構えて野菜を客に販売している。前者は，商行為を行うので，固有の商人となる。後者は，擬制商人となるので商行為となる）。

(2) **実質的意味** 商法は，実質的にみると，統一的・体系的に把握される法領域である。わが国の法制では，商法典と同質な規律を定める多数の法令が存在する。これらの法令を統一的・体系的に把握するためには，商法の対象を統一的に確定することである。ところが，商法典は，一方，商事を規律の対象とするので（商法1条），経済的な意味の「商」（財貨の転換の媒介）という観念に依存しているのに対し，他方，これに限らず，いろいろな営業を含み，法律上の商（商行為）の範囲を拡大する（商法501条・502条）。本来の商（経済上の商）に限らず，補助商（運送・銀行・保険等），また，製造・加工業を加え，更に，これらと類似の形態を有する第三種商（賃貸・演劇・出版・電気供給業等）をも含める。そこで，法律上の商と経済上の商との乖離を調整し，商法の対象を理論的に把握するために，いろいろな試み（商法対象論）がなされている[注8]。

一つは，「商事説」である。商という観念を前提とし，商法を「商事法」とみる従来の見解であり，内容的に把握する方法（内容的把握説）と性格的に把握する方法（性格的把握説）に分れる。前者には，史的発生的関連説（経済上の商から歴史的に分化・発展したもの）と媒介行為本質説（媒介行為を基調とするもの）があるのに対し，これを断念する形式説（法規による限定に甘んずるもの）もある。後者には，集団取引説（法律行為の集団取引を本質とするも

の)，商的色彩説（商取引の性格の中から『商的色彩』＝集団性・個性喪失を取り出し，商法の対象とするもの）がある。

　他は，「企業説」である。商法の対象を「企業」の観念をもって統一的に把握し，商法を「企業法」とみる見解である。これは，現在の通説であり，商法の対象を明らかにすることにより，商法を体系的に把握し，従って，実定法から生ずる歪み（例えば，原始産業及び自由職業と絶対的商行為，手形法・小切手法との関係）の解決を図ることになる[注9]。

4．実態的考察

　企業法を実態の観点より考察する。企業という社会的な実在の地位や機能を認識し，企業に対するいろいろな法規制を総合的に考察すると，いろいろな法領域を含めた「企業に関する法」という広い観念が成立するので，この中より企業に特有な法を抽出して「企業法」とするものである[注10]。

　(1) **企業の法**　企業法は，企業に関係する法である。現代の経済社会において，企業は，営利を実現する経済単位として，国の内外にわたり，重要な位置を占め，かつ，多方面で活躍している。これに対応して，企業の組織及び取引に限らず，企業の資金調達，企業の雇用，企業の競争秩序等，いろいろな分野で法規制を必要とする。そこで，民法，商法及び会社法，金融商品取引法，独占禁止法，事業法，労働法，消費者法等，多数の法令が適用になる。これらを総称して，「企業に関係する法」＝「企業関係法」という。

　ところが，企業関係法は，すべて，企業法ではない。企業をいろいろな分野で法規制する必要があるので，多数の法令が制定されているし，また，それぞれの法目的も多岐にわたるからである。そこで，企業法は，例えば，民法・経済法・労働法等，といった他の法領域と区

別することによって，独自の法領域を確立する必要がある。そこで，「企業に特有な法」または「企業に特有な需要に応ずるための法」と解すべきである(注11)。それは，従来，商法が，企業の組織及び取引をめぐる関係を対象として規律して来たことに帰一する。これに属するのは，商法典及び会社法を始め，商業登記法・手形法・小切手法等である。

(2) **法的地位** 企業法は，企業に関係するので，民法，経済法・労働法・消費者保護法との関係を明らかにする必要がある。これらの隣接する法領域と区別をすることによって，企業法の法領域が確立される（これは，企業法の地位の問題である）。そこで，企業法とこれらの法領域との関係を考察する(注12)。

先ず，企業法は，民法とともに，私法に属する。「民法」は，一般生活関係（経済生活及び家族生活）の法であるのに対し，「企業法」は，経済生活のうち，企業に特有な生活関係を定める法である。そうすると，民法は，一般法（general law）であり，企業法は，特別法（special law）である。企業法と民法を適用するにあたり，両法の交錯が起こる。企業法は，第一に，民法の規定を補充・変更し（例えば，商事法定利率・商事時効等，商行為の総則の規定），第二に，民法の制度を特殊化し（例えば，支配人を始め商業使用人・代理商・会社・問屋等），第三に，民法にない特殊な制度（例えば，商号・商業帳簿・商業登記等）を設ける。

ところが，企業法と民法の境界は流動的であり，いわゆる「民法の商化」という現象が起こる。企業法の原理・原則等が民法に採用され（例えば，契約自由の原則・取引慣習顧慮の原則等），逆に，民法の制度・法律関係が企業法に定められることもある（例えば，店舗等設備による物品販売業者を商人とみなす規定）。しかし，これによって，企業法が完全に民法と融合し，独自の存在を失うことはない。それは，あたかも，氷河のように，溶

解しつつも，企業関係は新しい制度を絶えず創造するからである。したがって，現在，企業法としての商法の独自性に疑問を持ち，これを民法と一つの法典に統一すべきである，という主張（民商二法統一論）に賛成するものはいない。

　次に，経済法・労働法は，企業法とともに，企業に関係する生活を規制する法であり，それぞれ密接な関係を有する。「経済法」とは，国民経済的な観点に基づいて，企業を規律（助長・監督・統制）する法をいう。これに属するのは，「私的独占の禁止及び公正取引の確保に関する法律」（昭和22年　法律54号），いわゆる独占禁止法，物価統制令（昭和21年勅令118）等の経済統制法，銀行業法（昭和2年　法律21号）・保険業法（昭和14年法律41号）・倉庫業法（昭和23年　法律25号）等の事業法である。「労働法」とは，社会政策的な観点から，企業と雇用関係にある企業労働者の生存的な利益を保障（擁護）する法をいう。これに属するのは，労働基準法（昭22年　法律49号）・労働組合法（昭24年　法律174号）・労働関係調整法（昭21年　法律25）である。

　そうすると，企業法の適用にあたり，経済法・労働法との交錯も起こる（独占禁止法は，株式の保有等に関する規制をなし，また，商法典は，従業員の代理権の面から規制をする）。しかし，企業法は，企業に特有な生活をめぐる私的な利益を調整する法であって，民法とともに私法に属する。したがって，社会法（経済的な不平等・不自由を是正するために，私法の領域に国家が介入した結果生じた第三の法領域）に属する経済法や労働法とは異なる。

§3. 企業

　企業法は，企業に特有な法である。それでは，企業とは何か，また，どのような形態（種類）を有するか。企業（enterprise. business untenehmung）

とは，計画的・継続的に営利行為をなす独立の経済単位をいう。企業は，「出資」(企業活動の資金を拠出・調達する者)・「経営」(企業を経営・管理する者)・「責任」(企業活動の結果＝損益に責任を負う者)という観点から，いろいろな形態に分類される。

1．企業形態

(1) **形態** 企業は，大別すると，公企業と私企業である。「公企業」(国・地方公共団体が，法律に基づいて出資し，直接又は間接に経営する企業)は，官公庁企業(国・地方公共団体が特別会計により経営する企業)と法人公企業(国・地方公共団体の経済政策や社会政策的な見地より，特別法に基づいて設立される法人の企業)に分類できる。これに対し，「私企業」(民間企業，国・地方公共団体以外の私人が出資者となり，企業を自由に選択できる企業)は，営利企業と非営利企業に分類できる。「営利企業」(営利の目的をもって出資し，営利活動をする企業)は，「個人企業」(文字通り，個人が営む企業)と共同企業(複数人が結合して一つの団体となり，資本・労力・損益を分配する企業)に分類できる。共同企業は「組合企業」(法人格を有しない団体の企業)と「会社企業」(営利社団法人)に分類できる。民法上の組合・匿名組合・有限責任事業組合は前者に属し，持分会社(合名会社・合資会社・合同組合)と株式会社は後者に属する。これに対し，「非営利企業」(営利目的をもたないか，または，それをもってはならない企業)は，協同組合・相互会社である。

(2) **選択** そうすると，これらの企業形態のうち，私企業では，営業の自由(憲法22条)に基づいて，企業形態の選択を当事者の自由とする。そこで，「企業形態の選択」という問題が起こる(例えば，街の発明家Ｉは，新しい機械を発明し，特許権を取得し，また，この発明を製品化して販売する事業を起こすことにした。しかし，Ｉには，事業経営の知識や経験もないし，また，資金力もない。そこで，Ｉは，友人の経営者Ｍと資産家Ｒに協力を求め，この事業を起業することにした。そこで，Ｉ・Ｍ・Ｒの３人が起業し経営を続けて行くためには，どのような企業形態が適当であるか，という問題を

提起する)。

現在の経済社会では，企業，特に，会社企業は，重要な企業形態であるので，会社の意義を明らかにし，これと他の企業形態との比較を試みたい(注13)。

2．会社

会社 (company, corporation, handelsgesellschaft, société commerciale) とは，営利を目的とする社団法人をいう（会社は，経済的にみると，工場・営業所等の物的要素及び経営者・従業員等の人的要素からなる企業体であるのに対し，会社法からみると，営利社団という実体に法人格という形式を付与したものである）。この意味で，会社は，営利・社団・法人を要素とする。

(1) **社団** 会社は，社団である。これは，会社の基礎を社員に置くので，当然に社団となり，従って，会社法の規定の有無を問わない（現在，会社法に明文の規定はない）。問題は，社団と財団との関係又は社団と組合との関係を明らかにすることである。「社団」とは，人の集団＝団体をいい，財団（財産の集合）とは異なる。社団は，その実質（構成員の個性の濃淡）に応じて，本来の社団（個性の希薄性）と組合（個性の濃厚性）に区別することができる。株式会社は前者に属し，持分会社は後者に属する。また，会社は，社団であり，本来，複数の構成員＝社員を必要とするのに対し，会社法では，社員1人でも会社を設立しかつ存続することができる。これを「一人会社」という。それは，株式や持分の譲渡を考慮すると，複数になる可能性があり，社団性は潜在する（潜在的な社団）といえるからである。

そうすると，「個人企業」(indiviual enterprise, Eizelunternehmung)（個人＝自然人が自らの財産を出資して企業を形成し，また，それを自ら経営することによって，すべての損益を享受する企業形態）は，社団ではないので，会社とは異なる。個人は，所

有者（出資者）＝経営者であり，従って，出資や経営を1人で決定し，また，これによって得た利益をすべて取得し，かつ，すべての損失を負担する。これは，個人の資本や労力に限界があり，危険も分散できないので，企業規模も制約されたものとなる。

（2）**法人** 会社は，法人である（会社法3条）。「法人」とは，法的にみると，それ自体が構成員＝社員から独立した別個の主体と認められるものをいう。したがって，会社は，その名をもって契約を締結し，また，その権利や義務を享有する。それは，会社の法律関係を単純に処理することができるからである。

そうすると，民法上の組合（partnership, Gesellschaft, societas）（数人の者＝組合員が，それぞれ出資して，共同の事業を経営し，すべての損益を享受する経営の企業形態）（民法667条）・匿名組合（stille Gesellschaft, association commerciale en participation）（非営業者＝匿名組合員が営業者のために出資し，営業から生ずる利益の分配を受ける契約の企業形態）（商法535条）・有限責任事業組合（LLP Limited liability Partnership）（有限責任を負担する組合員からなる民法上の組合）といった組合企業は，法人ではないので（従って，法律関係が複雑となる難点を有する），会社とは異なる。

「民法上の組合」では，財産（例えば，金銭その他の財産）・労務（例えば，組合事業のために働くこと）・信用（例えば，損失の分担）を出資すると，組合財産となる。この財産は，組合が法人格を有しないので，総組合員の所有（合有）に属し，組合契約による制約を受けるだけである。組合員は，それぞれ，業務執行及び代表・代理の権限を有し（民法670条），また，組合の債務は組合員の債務であり、個人財産によっても支払の責任を負担する（民法675条）。これは，人的な信頼関係のある少人数の共同企業に適する。

「匿名組合」は，実質的にみると，営業者と出資者との共同事業であるのに対し，法的にみると，営業者の単独企業として現れ，匿名組

合員の出資による財産も法律上では営業者の財産となっている (商法536条)。これは, 営業者の信用と匿名組合員の信頼関係をもとにするので, 余り大規模な企業とはならない。

「有限責任事業組合」では, 内部的な意思決定・損益分配の規律を柔軟に設定できる (出資者の労務・知的財産・ノウハウ等の提供を反映して, 出資比率と異なる割合で損益や権限の分配ができる) という特徴を有する民法上の組合を基礎としながらも, 出資者全員を有限責任とする。これは, 知的財産を出し合って始める事業, 特に, 先端技術事業等に適している(注14)。

(3) 営利　会社は, 営利を目的とする。これは, 商人及び商行為の営利性とは異なり (会社5条), 営利事業と利益分配を必要とする。「営利」とは, 会社が営利事業を行い, また, それによって得た利益を社員に分配することをいう。利益の分配方法は, 利益配当でも, 残余財産の分配でもよい (会社法105条②は株式会社について定める)。

そうすると,「協同組合」(例えば, 農業協同組合・漁業協同組合・消費生活協同組合・事業協同組合・企業組合等, 小規模の事業者や消費者の相互扶助により, 構成員の事業や家計を助成することを目的とする企業形態)・「相互会社」(社員相互の保険を目的とする保険事業に特有の法人) といった非営利法人 (中間法人) は, 営利目的を有しないので, 会社とは異なる。それは, 団体の内部での活動を通して, 構成員の経済的な地位を向上させることを目的とするからである。

3. 会社の種類

会社法は, 会社の種類について, 社員の責任の態様 (直接・間接の責任, 連帯・個別の責任, 無限・有限の責任) に応じて, 合名会社・合資会社・合同会社・株式会社 (従来, 商法は, 合名会社・合資会社・株式会社, また, 特別法は, 有限会社を認めていた。ところが, 会社法は, 有限会社を株式会社に吸収し, また, 合同会社を新設する) を定め (会社法2条I), また, 社員の地位 (株式・持分) に応じて, 株式会

社と持分会社（合名会社・合資会社・合同会社）を定める（会社法575条①括弧書）。

(1) **持分会社** 「持分会社」(社員の地位を持分とする会社)には，合名会社・合資会社・合同会社が属する。内部関係では，組合的な規律を適用し，定款自治を広く認め（会社法577条），また，社員は，会社の業務執行及び代表の権限を有するのに対し（会社法590条①，599条①），外部関係では，社員の責任に応じて，合名会社・合資会社・合同会社に分類される。

先ず，「合名会社」(partnership, offene Handelsgesellschaft, société en now collectif)とは，無限責任社員のみからなる会社をいう。社員は，会社債務について，直接・連帯の無限責任を負担する（会社法576条②，580条①）。したがって，社員と会社との関係及び社員相互の関係は密接となり，人的信頼関係のある少人数（例えば，親族・友人等）の共同企業（父の事業を数人の子が共同で相続し事業を営む事例に由来する）に適する。

次に，「合資会社」(limited partnership, kommanditgesellschaft, société en commandite)とは，無限責任社員と有限責任社員からなる会社をいう。この会社には，直接・連帯の無限責任を負担する社員と直接・連帯の有限責任を負担する社員（会社法576条③，580条②）がある。これは，合名会社の変態（合名会社の無限責任社員に有限責任社員が参加したもの）であり，人的信頼関係を有する少人数の企業（事業者に資産家が資本を提供し，利益の分配を受ける場合）に適する。

最後に，「合同会社」とは，有限責任社員のみからなる会社をいう（会社法576条④）。これは，会社の内部関係及び社員間の関係については，民法の組合と同様な規律をなし，外部関係については，間接・個別の有限責任を負担する（会社法580条）。これは，少人数で事業を営む企業（合弁事業，ベンチャー・ビジネス，戦略的な事業再編，コンサルティング等の専門職業）で活用されることになる。

(2) **株式会社** 「株式会社」(company limited by shares, stock corporation,

business corporation, Aktiengesellschaft, société anonyme, société par actions）とは，株主という有限責任社員のみからなる会社をいう。これは，株式・有限責任・資本という三つの特色を有する（株式と責任は，資金の調達を容易にし，また，資本は，会社債権者の利益を保護する）。

　一つは，株式である。社員の地位は，「株式」（細分化された割合的な単位＝出資の割合が明らかとなる単位）という形式をとる（例えば，100株をもつ株主は，その地位を100個有する）。また，株式は，投下資本を回収するために，自由譲渡を原則とする。そうすると，この会社は，一般多数人を結集し，大量の資金を調達することができる。

　二つは，有限責任である。株主は，会社の実質的な所有者として，会社を支配する。しかし，会社の業務執行及び代表（経営）の権限を有しない。それを取締役という専門家に委ねる。これを「所有と経営の分離」という。その代わり，株主は，「間接・個別の有限責任」を負担する（会社法104条）。

　三つは，資本（金）である。株主は，会社債務について，有限責任を負担するので，会社財産のみが債権者の保護となる。会社財産を確保するために，「資本金」（会社に留保されるべき財産の基準額）を定め（会社445条），かつ，公示（登記・決算公告）する（会社法911条③5号，会社法440条①）。これは，会社法において，次のような原則として現れている。すなわち，資本金・準備金に相当する財産を保持すること（資本充実の原則）を要し（会社法33条・46条・93条・207条，52条・213条），また，資本減少の厳格な手続を除いて，恣意的な資本金の減少を禁止すること（資本不変の原則）である（会社法447条・309条②9号，449条）。最低資本金を廃止したので，資本金1円の株式会社を可能とする。

　株式会社は，会社の規模により，「大会社」（資本金5億円又は負債200億円以上の会社）と「中小会社」（これ以外の会社）に区分し，また，株式譲渡の制

限の有無により，「公開会社」（株式の全部に譲渡制限した会社）と「閉鎖会社」（これ以外の会社）に区別することによって，会社機関の構成を区分する。また，会社の支配関係により，親会社と子会社に区別される（会社法2条③④）。

§4．おわりに

　企業法は，商法という法典から発展し，かつ，企業の実在に着目して，その結果，わが国の法制では一つの法領域を形成し，また，この法領域を形成する中心となる企業の法形態を概観した。

注
(注1)「商法は，企業に特有な法である」ことの理由について，田中誠二「商法総則詳論」（勁草書房　1975年）19頁は，①商法の対象を要約して説明するのに適すること，②商法の体系づけについても企業を中心とするのが理論的に正当であること，③商法の規定または制度の多くで企業を基礎とする説明が適当であることをあげている。
(注2) 企業の概念について，田中「前掲書」17頁は，「経済上の企業」と「商法における企業」に区別し，後者について，不定量の利潤（収入と支出との差益，すなわち余剰利益のみならず，収支適合を目標とする費用充足をも含む）を獲得するために，計画的にかつ継続的に資力と労力とを投じて経済的給付を供給する行為をなし，このための特別の施設もしくは組織を有する独立の経済単位体（Wirtschaftseinheit）と定義する。
(注3) これは，企業の中心的な要素を「営利性」に求める見解（通説）である。これに対して，田中「前掲書」75〜7頁は，企業の中心的な要素を「集団取引」（継続的に反覆的な集団取引その他の行為）に求め，これを可能かつ適当にする設備を有する継続的活動体を伴うものであるとする。
(注4)「企業法を私法のみに限らない」ことの理由について，田中「前掲書」20〜2

頁は，①法学の研究方法の変化にあり，論理的・体系的な把握よりも，生活関係それ自体を研究対象として重視すること，②会社等の制度について公法的な諸規定の増大及び各種の業法の制定によって，公法部分をすべて除外すると，企業の法的認識として著しく不完全になったことをあげている。

（注5）　田中「前掲書」44頁以下は，商法の理念（商法の解釈または立法にあたり近づこうとするところの目標）について，①法史・経済史・社会史の示す事実，②法思想・社会思想の変遷，③企業自体の思想・企業経営者の社会的責任を認める思想・制度論・経済同友会の決議，④わが国の実定法上の理由，⑤他の社会科学の進歩及び近時の傾向，殊に会計学における会計の社会化，⑥アメリカ法及びアメリカ法思想の影響を根拠として，「個人本位的考え方」（商法は，商人の，商人による，商人のための法）から「社会本位的考え方」（一般社会の，一般社会による，一般社会のための法）への変遷を説いている。また，同68頁以下は，「企業の維持強化」・「取引の安全敏速化」・「経済主体間の利益の調和」という従来の理念（個人本位的な考え方）に加えて，「社会的需要の重視」・「道徳性の尊重」・「顧客または消費者の保護」という新しい理念（社会本位的な考え方）を従来の理念に優越する理念として認めている。

（注6）商法の法源について，田中「前掲書」138頁は，商法が，商法典以外にも，どのような形式において存在するかを明らかにすることは，商法の法学的認識のために必要不可欠である，という。

（注7）例えば，田中「前掲書」1頁は，商法の意義には，形式的意義（商法という法的形式において存在する商法＝商法典のこと）と実質的意義（商法典とは関係なく，法の規定する内容である社会関係の実質に基づいて定められる商法）との二つがあり，また，先ず，実質的意義における商法をどのように解すべきかを解き，次に，形式的意義における商法とは何か及びこれに準ずべきものについて述べ，進んで両者の関係に及び，更に，商法と隣接法域との関係を明らかにする。

（注8）商法対象論については，服部栄三「商法の対象」「学説展望―法律学の争点―」（ジュリスト300号　1964年）182～3頁は，内外の学説を整理し，この学説の対立を明らかにし，個別問題に言及する。

（注9）田中「前掲書」2頁以下は，外国の学説を紹介した後，わが国の学説において，商的色彩論と企業説を比較検討し，企業法説をとりながらも，商法とは，商法上の意義における企業に特有な実質法である特別私法ならびにその実現のために直接関係のある公法をいうと私見を展開する。

（注10）例えば，竹内昭夫「第一章　企業法の地位と構成」現代企業法講座1　企業法総論（東大出版会　1984年）3～6頁は，現代社会において，企業が極めて重要な地位を占め，また，企業の果たしている機能が多方面にわたるので，企業について法律上問題となるのは，①企業の組織，②企業の取引，③企業の雇用，④企業の資金調達，⑤競業秩序の維持，⑥企業の知的財産，⑦企業の税金であり，企業が多数の法分野と関係することを指摘する。

（注11）竹内敏夫「企業法概論 ― 商法概論 ―」（評論社　1959年）29頁は，企業法の意義を広狭の二義に分け，広義では，企業に関する一切の法規を総称するものとし，狭義では，企業に固有の法律（企業を主として，その資本の面に即して，企業の設立，組織，活動，消滅について，利害関係者の利益調整を，その主たる規整目的とする法律）だけを総称するものとする。

（注12）田中「前掲書」25頁以下は，商法の範囲につき，企業に特有な法というように広く解すると，この定義に一応該当するか否かとみられる法域のうちで，現在のところでは，商法の範囲より除外して取扱うのが適当と思われるものがある，と指摘する。竹内昭夫「前掲書」29頁は，企業法と他の法分野との関係は，とくに民法，経済法，労働法，消費者法等との関係で問題となる，という。

（注13）田中「再全訂・会社法詳論上」（勁草書房　1982年）は，会社の弊害は相当大であるが，現在の経済活動は，企業形態としての会社の長所，即ち，「労力の補充」・「資本の合同」・「損失危険の分割」と「会社事業の恒久性」を利用することが絶対に必要であって，世界各国ともに会社の制度を採用している，と説明する。

（注14）LLP及びLLCについては，篠原倫太郎「有限責任事業組合契約に関する法律の概要」商事法務1,735号（2005・6・25）6頁以下，また関口智広，西垣建剛「合同会社や有限責任事業組合の実務上の利用例と問題点」法律時報80巻11号（2008・10）18頁以下がある。

【2】株式会社

§1. はじめに

　現代の経済社会において，株式会社は，重要な地位と役割を有する。株式会社は，出資者＝株主を始め，取締役・監査役等の役員及び従業員のみならず，取引者や債権者，消費者とも，密接な利害関係を有する（私達は，例えば，電車に乗って，映画を観て，レストランで食事等をすると，消費者として，また，株式を貯蓄や投資のために売買すると，出資者＝株主として，更に，ビジネスマンとして営業すると，従業員・役員として株式会社と関わりをもっている）。これらの利害関係者をステークホルダー（stakeholders）という。そこで，私達は，一般市民の観点から，株式会社について，法的な理解をする必要がある。

　「株式会社」(campany limited by shares, stock corporation, business corporation, Aktiengessellshaft, société paractions) は，わが国の法制では，「株式」・「有限責任」・「資本」を特色とする大企業のための企業形態であり，しかも，社会的な実在としても認識されている[注1]。この観念に基づいて，中小企業に適合する企業形態を「有限会社」として特別立法し（有限会社法），また，資本金の多寡（最低資本金の法定）によって，中小企業を株式会社から排除し，かつ，株式会社の機関に差異を設ける特別立法（株式会社の監査等に関する商法の特別に関する法律）をして来た。

　ところが，平成17年の「会社法」は，株式会社から資本金による選別を撤廃し，かつ，有限会社を株式会社に包含し，また，閉鎖会社

（株式の全部を譲渡制限した会社）・公開会社（これ以外の会社）と大会社（資本金5億円又は負債200億円以上の会社）・中小会社（これ以外の会社）の区分に基づいて，機関設計を自由とする。

　そうすると，会社法は，従来の有限会社と本来の株式会社（狭義の株式会社）を包含し，かつ，これらの上位概念として，株式会社（広義の株式会社）という名称を有する観念を創設したものである[注2]。しかし，株式会社は，株式の自由譲渡を前提とするので，公開株式を原則とし，閉鎖会社を例外とすべきである。したがって，本稿は，株式会社の標準型を公開会社と解し，大会社と中小会社の区別を前提とする。

　また，株式会社に接近する方法を明らかにする。株式会社の法的な構成を理解するためには，次の二つの方法がある。一つは，時間の経過に従って，株式会社の設立から運営を経て解散・清算に至るまでの過程を解説するものである。他は，株式会社も会社であるから，営利・社団・法人という会社の本質に従って解説するものである[注3]。

　時系列的な方法は，会社法の規定に基づいており，かつ，実務にも即しているので，この方法をもって解説する概説書がほとんどである。しかし，これは，余り理論的ではないと考える。会社は，「営利・社団・法人」である。「営利」「社団」という実体に対して，「法人格」を付与したものである。これは，わが国の法制において長年に渡り形成されて来た観念であり，会社法もこれを前提とする[注4]。そうすると，株式会社を営利・社団・法人の要素に従って，これに対応する法規制を解説すべきである。

　本稿は，公開的な株式会社を標準として，また，株式会社の社団・営利・法人の要素について，企業法の観点から，株式会社の法的な構成を明らかにしてみたい。

§2. 社団

　株式会社は，株主(社員)という資本家の団体であり，従って，「社団」であるから，株主・機関・定款という三つの要素を必要とする。そこで，これらの要素に関する会社法の規定を明らかにする。

1. 定款

　株式会社は，「定款」(articles of incorporation, memorandum of association articles of association, Satzung, statuts)を必要とする。株式会社は，会社の設立にあたり，定款(原始定款)を作成し(会社法26条，以下会社法を省略)，また，その成立後，事情(例えば，経済事情・経営状況)に応じて，株主総会の特別決議によって(309条②11号)，定款を変更できる(466条)。

　(1) **意義**　定款は，実質的にみると，規則定款(会社の組織・運営・活動を規律する根本規則)であり，形式的にみると，書面定款(根本規則を記載した書面，または，電磁記録につき情報を記録したファイル)である。定款は，通説・判例によると，会社の「自治法規」であり，企業法の法源となる。東京控訴院昭和7・3・14判決(新聞3401号16頁)によると，会社の内部関係を拘束するが，第三者に効力を及ぼさない，また，大審院大正6年4月6日判決(民録23巻636頁)によると，契約(書)とは異なり，一般法規と同一の方法で解釈する。

　(2) **記載事項**　会社法は，「定款自治」の範囲を拡大する。会社法の強行規定に反しない限り，どのような事項でも定款に記載・記録できるし(29条)，かつ，定款に記載・記録できる事項を明示する[注5]。そうすると，定款に記載する事項は，効力の相違に基づいて，絶対的記載事項・相対的記載事項・任意的記載事項に分類される。

一つは,「絶対的記載事項」(定款に必ず記載・記録する必要のある事項で, これを記載・記録しないとき, または, 違法であるとき, 定款自体が無効となる)である。人(発起人の氏名・名称・住所)が, ある事業(目的)のために, 出資をいくらし(設立時の出資財産の価額・最低額), 株式をどれだけ発行するか(発行可能株式総数)を決め, また, 他の会社とを区別(商号・本店の所在地)する(27条・37条)。

二つは,「相対的記載事項」(記載・記録しなくとも, 定款の効力に影響がないが, 定款に記載・記録しないと, 効力を認められない事項)である。発起人による濫用を防止する変態設立事項＝危険な約束(現物出資, 財産引受, 発起人の報酬・特別利益, 設立費用)(28条), また, 個別的な規定(例えば, 種類株式に関する定め, 取締役の責任の減免に関する事項等)である。

三つは,「任意的記載事項」(強行法規や公序良俗に反しない限り, 記載・記録できる事項, 例えば, 株主総会の議長, 取締役・監査役の員数, 会長・社長・専務等の役職等)である。

2. 株式

株式会社は,「株主」(shareholder, actionär, actionnaire)という構成員(社員)を必要とする。株主は, 資格及び員数に制約がない。したがって, 自然人(個人株主)でも, 法人(法人株主)でもよいし, また, 株主1人で設立・存続してもよい(一人会社)。

(1) **株主権** 株主は, 株式会社という社団において,「株主の地位」(Mitgliedschaft)を有する。これは,「株主権」(Mitgliedschaftsrechte)といい, 個人法上の権利(物権・債権)ではなく, 社団法上の権利(社員権)である。

先ず, 株主は, 株主の地位に基づいて, 会社に対して, いろいろな権利を有し, かつ, 義務を負担する。

株主の有する権利(105条①)は, 大別すると,「自益権」(selbstnützigs Recht)(会社から経済的利益を受ける権利)と「共益権」(gemeinnütziges Recht)(会社の

管理・運営に関する権利) になる (これは，権利行使の目的を基準とする分類である)。前者に属するのは，剰余金配当請求権 (453条)・残余財産分配請求権 (504条) を主とし (これを認めない旨の定款は無効となる) (105条①1・2号②)，株式買取請求権 (469条・785条等)・新株引受権 (202条) 等である。後者に属するのは，株主総会の議決権 (308条) を主とし (105条①3号)，総会決議取消訴権 (831条)・代表訴訟提起権 (847条)・違法行為差止請求権 (306条) 等，取締役等の行為を監督是正する権利 (監督是正権) である。

自益権や共益権は，原則として，「単独株主権」(Einzelrecht) (1株を有する株主でも行使できる権利) であり，例外として，共益権のうち，監督是正権の一部 (例えば，株主提案権・株主総会招集権等) は，「少数株主権」(Minderheitsrecht) (一定割合または一定数の株式を有する株主のみが行使できる権利) である (これは，権利行使の方法を基準とする分類である)。これは，大株主の専横を抑制し，会社運営の健全化を図り，かつ，その濫用をも防止する。

株主の義務は，株式の引受価額を限度とする「出資義務」のみである (104条)。これは，株主となる前に全部履行 (全額払込制度) を要するので (34条①・63条①)，株式引受人の義務である。株主は，「有限責任」の原則により，どのような義務 (例えば，追加出資義務) をも負わない。

次に，株主権は，社団法上の権利であるとしても，いかなる本質を有する権利であるか，という問題が残る。これを「株主権論」という(注6)。

一つは，「社員権説」である。株主権は，自益権と共益権を包含する単一の権利を意味し (株主権は，株主の所有権の変形であり，従って，自益権と共益権は，それぞれ，収益権能と支配権能の変形となる)，これを株主の利益保護のために行使できると解する見解である。

他は，「社員権否認説」である。株主の権利を自益権に限り，自益権と共益権を本質的に区別する見解である。①共益権を機関の権限と

みて，利益配当請求権を中心とした自益権の総体と解する見解（共益権否認説）から，②共益権を一身専属的な人格権とみて，利益配当請求権という社団法上の債権を自益権と解する見解（株式債権説）を経て，③株式会社を営利財団とみて（株式会社財団論），純然たる債権と解する見解（株式純債権説）までに至る。

社員権説は，通説・判例である。最高裁昭和45年7月15日判決（民集24巻7号804頁）によると，株式を譲渡すると，自益権の移転に伴って，共益権も移転する。社員権否認説は，株式会社の経済的な実態（所有と経営の分離の深化に伴って，株主の企業支配意識の欠如と株式の債権化を招来したこと）を考慮したものである。会社法は，株式会社を社団法人と解し，また，経済的な実態に応じて権利の変質を認めるわけでもないことを考慮すると，社員権説が適当である。

(2) **株式** 株主の地位＝株主権を構成する単位は，「株式」(share, Aktie, action) である。株式は，細分化された割合的な単位をいい（一般人の参加の容易化と会社事務の簡明化の要請），昭和25年の資本と株式の切断に伴って，資本の構成単位とはならない。この意味で，株式は，持分会社の「持分」と異なり，複数の存在を認められ（持分の複数），かつ，均一の内容を有する（持分の均一）。

先ず，「複数持分主義」である。株式は，割合単位であり，従って，株主は，株式の数に応じて，複数の地位を有する（100株を発行する会社を例にとると，1株は100分の1を示し，従って，10株(10㈱)を有する株主は，10個の地位を有する）。

株式の価格に限度額はなく，額面株式や発行価格の定めはない。すべて無額面株式 (share without par value) である。株式は，会社の内容＝収益力に応じて，価値の変動をもたらすためである。したがって，株式の大きさ（出資単位）に規制はないので，それぞれの会社の任意となる。しかし，株主管理コストの軽減のために，定款により，一定数の

株式を「1単元」の株式と定め，単位未満の株式に議決権を認めないこともできる (188条①)。

株式は，「発行可能数」を定款で定め，設立にあたり$\frac{1}{4}$以上発行し，また，この範囲内で株式を発行できる。これを「発行済株式」という。

株式数の減少 (例えば，2株を1株にすること) を「株式の併合」(reverse share splits) といい，逆に，株式の細分化 (例えば，1株を2株にすること) を「株式の分割」(share splits) という。前者は，端株となる株主の利益を考慮し，株主総会の特別決議を要するのに対し (180条)，後者は，株式の利益を考慮し，株主総会の通常決議でよい (183条)。

次に，「株主平等主義」である。株式は，均一の内容を有する。これを株主からみると，株主は，株主としての法律関係について，その有する株式の内容と数に応じて，平等の取り扱いを受ける (109条)。これは，衡平の観念に基づくものである (多数決の濫用からの一般株主の擁護)。これに反する定款の規定・総会の決議・取締役の行為等は無効となる。最高裁昭和45年11月24日判決 (民集24巻12号1,963頁) によると，一般株主に無配とするのに，特定の大株主に歳暮等の名目で金員の贈与をする会社は，株主平等の原則に反する[注7]。

この例外となるのは，多様な資金調達や支配関係の必要性に応ずるために，定款により，株式の内容を異にする「種類株式」である (108条)。①剰余金の配当・残余財産の分配について，他の株式 (普通株) に比べて，優先する「優先株式」(preferred shares) と遅れる「劣後株式」(deferred shares)，②議決権の行使について，無議決権あるいは一部制限とする「議決権制限株式」，③株式の譲渡を制限する「譲渡制限株式」，④株主の取得を請求できる「取得請求権付株式」，⑤会社が株式を強制取得できる「取得条項付株式」，⑥「全部取得条項付株式」，⑦種類株主総会の決議を要する「拒否権付株式」，⑧種類株主総会で取締役・

監査役を選任できる株式。

最後に,「株券」(share certificate)と「株主名簿」(record of shareholder)である。株券（株式を表彰する有価証券）は，定款をもって（従って，不発行を原則とする）発行する（214条）。また，株主名簿（株主及び株式に関する事項を明らかにするための帳簿）は，作成・備置し（125条），かつ，株主への通知・催告（126条）・名義書換（130条）の効力を定める。

(3) 譲渡　株式は，譲渡（例えば，売買・贈与等の法律行為による株式の移転）できる。

先ず，定款により株券を発行する会社（株券発行会社）では，譲受人に株券の交付（権利移転の要件であり，対抗要件ではない）をする（128条①）。株券の占有者を正当な権利者と推定し，従って，善意取得を認める（131条）。これに対し，株券を発行しない会社（株券不発行会社）では，意思表示を原則とし（民法176条），また，振替株式については，口座の書換による（社債，株式等の振替に関する法律140条）。株式の譲渡を会社等の第三者に対抗するためには，株主名簿の名簿書換を要する（130条）。

次に，株主の投下資本を回収するために，株主は，株式を自由に譲渡できる（127条）。これを「株式譲渡自由の原則」という。しかし，これには，いくつかの例外がある。一つは，株主の個性を重視する会社（同族会社・合弁会社）では，定款により，株式の全部（株式の内容）又は一部（種類株式の内容）の譲渡に承認を求めることができる（107条・108条）。しかし，これは，会社に株式の先買者を指定する結果となり，譲渡制限株式の譲渡手続を要する（136条以下）。二つは，会社法により，権利株（株式引受人の地位）の譲渡（35条・63条②・208条⑥）及び株券の発行前の株式の譲渡（128条②）を制限し，また，子会社による親会社株式の取得を制限する（135条①）。

3. 機関

　株式会社は，機関（会社の意思と活動を担当する組織）を必要とする。株式会社は，機関の構成について，持分会社と異なり，「所有と経営の分離」（株主の会議＝株主総会の選任した経営者＝取締役に対する経営の委託）と「機関の分化」（意思機関・執行機関・監査機関の区別）を特色とする(注8)。その結果，経営者の権限濫用と株主の利益の侵害の問題が起り，コーポレート・ガバナンス（企業統治のあり方）が論議されることになった。ここでは，株式会社の機関について，意思機関・執行機関・監督機関に分けてとりあげてみたい。

　(1)　**意思機関**　意思機関は，「株主総会」である。株主総会（shareholders' meeting, general meeting, Hauptversammlung, assemblée d'actionnaires）とは，株主を構成員として，会社の意思決定をする，法定の必要機関をいう。種類株式を発行するとき，「種類株主総会」も存在する（321条〜325条）。

　株主は，実質的な企業所有者であり，従って，企業の支配権を有する。そうすると，株主総会は，株主を構成員とするために，本来，最高かつ万能の機関である（株主総会中心主義）。ところが，株主総会の形骸化及び無機能化（いわゆる，観客少なき喜劇）に対応し，昭和25年の改正により，その権限を縮小し，かつ，取締役会を法定した（取締役会中心主義）。株主総会は，現在，最高ではあるが（取締役等の役員の任免権は総会にあり，また，取締役も総会の決議に拘束されるためである），万能の機関ではなくなった。これは，平成17年の会社法によっても変わりがない。

　先ず，株主総会は，法令及び定款に定める事項に限って決議できる（295条），という制限付の権限を有する。これは，基本的な事項であり，かつ，多岐にわたる。①会社の基礎的事項（定款の変更，会社の分割・合併，解散等），②株主の利害事項（株式併合・剰余金の処分等），③機関の任免事項（取締役・監査役等の選任・解任），④役員の専横防止事項（取締役等の報酬の決定等）で

ある。

　次に，株主は，株主総会で，その持株数に応じて議決権 (voting right, Stimmrecht, droit de vote　総会に出席し,決議に参加する権利) を有する (308条)。これを「1株1議決権」の原則という (株主平等・資本多数決の原則に基づくものである)。例外として，①議決権制限株式 (108条①3号)，②自己株式 (308条②)，③相互保有株式 (308条①)，④単元未満株式 (308条①・188条①) 等がある。株主は，議決権 (従って，質問権や意見陳述権) の行使にあたり，代理人を通しても (310条)，また，書面 (311条) や電子 (312条) 投票によってもよい。他人のために株式を有するとき (例えば，信託の引受・共有等)，これを統一しないで行使してもよい (例えば, 100株を有する株主が，70株を賛成，30株を反対) (313条)。特殊株主 (総会屋) の対策として，会社は，株主の権利行使に対して，財産上の利益を供与できない (利益供与の禁止) (313条)。

　最後に，株主総会は，常設の機関ではないので，定時 (定時株主総会) 又は臨時 (臨時株主総会) に (296条)，取締役会の決定に基づいて，代表取締役又は少数株主が (298条・297条)，会日より2週間前，株主に通知し (296条)，指定の日時に開催される。議事は，定款又は慣習によるが，議長 (315条) と少数株主の提案権 (303条) 及び取締役の説明義務 (314条) の定めがある。

　株主総会の決議は，多数決の原則に従う (309条)。通常の事項 (例えば，決算承認,役員の選任・解任等) については，「普通決議」(議決権を行使できる株主の過半数が出席し，かつ，その議決権の過半数の賛成) による。重要な事項 (例えば,定款の変更,合併の承認等) については，「特別決議」(議決権を行使できる株主の過半数が出席し，かつ，その議決権の $\frac{2}{3}$ 以上の賛成) による。これ以上に厳重な「特殊決議」を求めることがある。これに対し，多数決の原則を修正するために，総会の決議に反対する株主は，株式の「買取請求権」を有する (116条・469条・785条・797条・806条)。なお，総会の決議に瑕疵のあるとき，法律関係

を画一的に処理するために，「決議の不存在の訴」・「無効確認の訴」(830条) と「決議取消の訴」(831条) を定める。前者は，対世的効力を認め，後者は，提訴権者と提訴期間を制限する。

(2) **執行機関** 執行機関は，業務執行の決定（経営方針の決定）をする「取締役会」，また，業務執行（経営方針の実行）する「代表取締役」である。

先ず，取締役 (director, Vorstandsmitglieder, administateur) とは，取締役会の構成員となり，かつ，代表取締役となる資格を有する者をいう(326条①)。この資格には，欠格事由(331条①)や監査役(335条②)に該当しない限り制限はないし，かつ，定款でも，株主に制限できない(331条②)。株主総会の決議によって，選任(329条①)・解任(339条①)できる。2年の任期満了(332条①②)，辞任(民法651条)，少数株主の解任の訴(854条)でも退任する。

取締役は，会社との委任関係に基づいて(330条)，忠実義務 (fiduciary duty, duty of loyalty) に従い(355条)，競業避止義務(356条)・利益相反取引の制限(365条)・報酬（職務執行の対価）の規制(361条)を受け，また，任務を懈怠したとき，会社に対し，連帯責任を負わせ(423条①)，かつ，第三者に対し，悪意・重過失のあるとき，損害賠償責任を負わせている(429条)。問題は，取締役の忠実義務は，民法の善管注意義務を具体化・明確化したものか（同質義務説），または，別個独立した高度の義務であるか（特殊義務説）。最高裁昭和45年6月24日判決（民集24巻6号625頁）によると，善管注意義務を敷衍し，かつ，一層明確にしたにとどまる[注9]。

次に，取締役会 (board of directors, Vorstand, conseil d'administration) とは，3人以上の取締役(331条④)を構成員とする合議機関をいう(362条①)。取締役会は，昭和25年改正により，取締役の権限の拡大に伴って，その適正かつ慎重な行使を期して，合議機関となる。

取締役会の権限は，業務執行の決定と監督である（362条②）。重要な業務執行（例えば，重要な財産処分・多額の借財・重要な使用人の任免・重要な組織の設置等，社債の募集，内部統制システム，取締役等の責任の一部免除）の決定を専決事項とし，これを定款でも代表取締役に委任できない（362条④）。また，取締役会の決定を執行する代表取締役を監督し，そのために，代表取締役を選定・解任し（363条②3号），また，3ヶ月に1回以上（従って，年4回の開催を要する），職務執行の状況の報告を代表取締役に求める（同条②）。

取締役は，個人的な信頼に基づくために，1人につき1個の議決権（頭数主義）を有する。代理人を通して，また，利害関係者によって議決権を行使できない（369条②）。各取締役（又は，定款・決議で定めた特定の取締役）が，会日より1週間前に，各取締役（又は各監査役）に通知し（366条~368条），取締役会を招集する。取締役の過半数が出席し，その過半数をもって決議する（369条）。

更に，代表取締役は，会社を代表する取締役をいい，単独機関であり，1人でも，複数でもよい（349条）。この外にも，取締役会の決議により，業務執行取締役（専務・常務等，役付取締役）を選任できる（363条①2号）。

代表取締役は，業務執行の権限を有する（363条①）。株主総会や取締役会の決議を執行し，また，取締役会から委任を受けた事項（日常的業務事項）について，自ら決定し執行する。業務執行が対外的に渡るとき，会社を代表する（349条）。しかし，表見代表取締役（例えば，社長・副社長等，あたかも代表権を有すると認められるべき名称を付した取締役）の行為について，会社は，善意の第三者に対して責任を負う（354条）。

最後に，委員会と会計参与である。委員会は，大会社において,定款により，取締役会（任期約1年の取締役）の下に，「指名委員会」・「監査委員会」・「報酬委員会」と「執行役」を設置し（326条②），監査役を不要とする（327条）。委員会は，それぞれ，取締役会で選定した委員

3人以上で構成し，その過半数は社外取締役（2条15号）とする。執行役は，業務を執行し，複数のとき，取締役会の決議で代表執行役を選定する。また，会計参与は，定款によって，公認会計士（監査法人）又は税理士（税理士法人）を資格とし（331条），取締役（又は執行役）と共同して計算書類等の作成を職務として（374条）設置できる（計算書類等の適正性・正確性の向上の要請）。

(3) **監督機関** 監督機関は，「監査役」である。株主総会の権限を制約し，かつ，業務執行の決定を取締役会に委ねるので，株主に代わり，取締役を監督するためである。株主は，違法又は不当な業務執行を是正するために，代表訴訟を提起し（847～53条），また，違法行為の差止請求権を有する（360条）。

先ず，監査役（Aufsichtsratsmitglieder, member du conseil de surveillance）とは，取締役（及び会計参与）の職務の執行を監査する機関をいい（381条①前段），単独機関であり，1人でも，複数でもよい。

監査役の資格には，欠格事由や取締役等に該当しない限り制限はないし，かつ，定款でも株主に制限できない（335条）。株主総会の決議によって，選任（329条①）・解任する（339条①）。4年の任期の満了（336条），辞任（民法651条），少数株主の解任の訴（854条）でも退任する。監査役は，会社との委任関係に基づいて，取締役と同様に，善管注意義務を負い（民644条），報酬の規制を受けるが（387条），会社との利害対立を解決する定めはない（監査役は業務執行にあたらないためである）。

監査役は，取締役の職務執行を監査する権限を有する（381条）。計算書類等の監査（会計監査）のみならず，会社の業務全般の監査（業務監査）にも及ぶ。この権限を適切に行使するために，①調査権限＝報告請求・業務財産調査権及び子会社調査権（381条），②是正権限＝違法行為の阻止（385条）及び会社代表（386条），③報告権限＝監査報告書の作成（381条

①）及び株主総会へ報告 (384条) がある。その結果，代表取締役の職務について，取締役会と監査役の監督に相違があるか，という問題が起こる。監査役の権限は，この否認説では，違法性及び妥当性の監査に及ぶのに対し，この肯定説は，違法性の監査に限定する(注10)。

次に，大会社であるとき，監査役会 (委員会設置会社では不要) と会計監査人を必要とする。「監査役会」とは，3人以上の監査役を構成員とする合議機関をいい (390条①)，半数以上を社外監査役とし (335条③)，また，1人を常勤監査役とする (390条③)。この権限は，監査役の職務の執行に関する事項 (監査の方針，会社の業務・財産の状況の調査等) の決定 (390条②3号)，監査報告の作成 (390条②1号)，監査役・会計監査人の選任等の同意権 (343条③, 344条③) である。「会計監査人」(auditor, abschlu b prüfer, commissaire aux comptes) とは，会計監査をする者をいい，公認会計士又は監査法人を資格とし (337条①)，株主総会の決議により，選任・解任される (329条, 339条)。この権限は，計算書類等 (計算書類及びその附属明細書，臨時計算書類，連結計算書類) の監査 (会計監査) である (396条①)。

§3. 営利

株式会社は，営利を目的とする。株式会社は，営利事業を営み，従って，商行為をなし (5条)，かつ，これによって得た利益を株主に分配する。株主は，剰余金配当請求権又は残余財産分配請求権を有する (105条①②)。そうすると，株式会社は，株主の出資とこれに対応する利益の分配を要素とする。この意味で，コーポレート・ファイナンス (企業の資金調達) の問題である。

1．出資

　株主は，株式会社に対し，株式の引受価額を限度とする出資義務を負う(104条)。これは，金銭出資を原則とし，現物出資(貸借対照表上に資産として計上できるもの)を例外とし，かつ，労務や信用の出資を認めない(会社債権者の保護)。また，会社の成立又は新株発行・資本増加の効力発生前に履行すべきである。

　そうすると，株主の出資は，会社の設立と新株発行の場合である。しかし，ここでは，会社の資金調達という観点から，新株発行を社債発行と比較しながらとりあげる(会社の設立は，§4法人で解説する)。

　(1) **新株発行**　「新株の発行」と「自己株式の処分」は，いずれも，株式の引受人を募集して資金調達をするという意味で，「募集株式の発行」である(199条)。

　先ず，取締役会は，募集事項を決め，新株の発行を決議する(199条)。①募集株式の数，②募集株式の払込金額・算定方法，③現物出資に関する事項，④払込・給付の期日・期間，⑤増加する資本金・資本準備金に関する事項。

　次に，株主の募集には，株式割当(株主に，その株数に応じて，新株の割当を受ける権利＝新株引受権を与える場合)・第三者割当(株主以外の第三者に新株引受権を与える場合)・公募(広く一般から募集する公募と募集範囲を限定する縁故募集)の三つがある。新株を特定の者に対し，特に有利な価格で募集するとき，株主総会の特別決議を要する(201条・199条③)。

　最後に，募集後の手続として，①申込・受付，②公知・通知，③出資の履行，④新株発行の効力発生，⑤登記である。なお，不公正な新株発行と新株発行の瑕疵の問題がある。

　(2) **新株予約権**　「新株予約権」は，権利者(新株予約権者)が，これを行使すると，会社に対し，株式の交付を請求できる権利である(会

社は，新株を発行し，または，自己株式を交付する義務を負う)(2条21号)。これは，事業資金の調達の外に，取締役・従業員等に対する新株予約権の付与(ストックオプション)及び新株予約権付社債，また，敵対的買収に対する会社防衛の手段(いわゆるポイズンピル)として利用できる。

先ず，新株予約権の発行は，既存の株主に与える影響が似ているので，募集株式の発行とほぼ同様の手続である。公正な価格と引換えに新株予約権を発行する場合，取締役会の決議で足りるのに対し(240条①)，特に有利な条件で株主以外の者に付与される場合，株主総会の特別決議が必要である(241条①・238条②③，309条②4号)。募集事項の決定の後，申込・割当・払込という手続になる。

次に，新株予約権の行使は，通常，一定期間(権利行使期間)内に，あらかじめ定められた価格(行使価格)の払込によって行われる(208条①)。

(3) **社債の発行** 「社債」(debt securities, debentures, Anleihen, obligations)は，一般公衆に対する起債によって生じた株式会社に対する債権であって，それが有価証券に化体されたものである(2条23号)。

先ず，社債の発行は，総額引受と公募があり，取締役会の決議により決定する(676条)。募集社債の申込に対する割当・払込という手続になる。

次に，社債は，株式と異なり，一定期間の後に，社債の償還を受け，かつ，利息の支払を受ける権利を有する。

最後に，社債権者を保護するために，社債管理者・社債権者集会がある。なお，特殊な社債として，担保付社債(担保のために，法定の物上担保が付けられた社債)・新株予約権付社債(新権引受権を与えられている社債)がある。

2．配当

計算と剰余金の配当である。

(1) **計算** 会社法は，株式会社の計算（会計期間における損益を確定して，経営成績を明らかにする一連の手続）について，詳細かつ厳格な規定を設ける。これは，株主・債権者に対する情報の開示，また，株主に対する分配可能額の算定を目的とする。

先ず，会計帳簿・計算書類である。一般に公正妥当と認められる「企業会計の慣行」（会計基準を意味する。企業会計原則に限られない）に従うものとする（431条）。会社法は，会計帳簿と計算書類に関する規制をする。

「会計帳簿」（一定時期における営業上の財産・評価，また，営業上の財産に影響を及ぼす事項＝取引等を記載したもの）は，適時・正確の作成をなし，10年間保存し（431条），株主の閲覧・謄写権を認める（433条）。これは，計算書類・附属明細書を作成する基礎となる（435条の2・計算規則91条③）。

「計算書類」(financial statements, Jahresabschluss)（会社の財産状態・事業成果に関する会計情報を記載したもの）は，①貸借対照表 (balance sheet, Bilanz, bilan)（一定時点における，財産状態を表示する計算書類），②損益計算書 (income statement, profit and loss account, Gewinn - und Verlustrechnung, compte de résultat)（一定期間における，会社の営業成績を示す計算書），③株主持分変動計算書（資本の変動を明細に示す表），④個別注記表（435条②，計算規則91条），⑤附属明細書（これらを補充するもの）である。この外に，事業報告書（事業状況の概要を報告する書類）・附属明細書もある。

次に，計算手続である。①会社は，毎事業年度の終了後，計算書類・事業報告書・附属明細書を作成し（435条②），監査役（又は会計監査人）の監査を経て，取締役会の承認を受けることを要する（436条①②③）。また，②会社は，総会の会日の2週間前から，計算書類等を本店に5年間（支店に写しを3年間）備置し，株主・債権者に閲覧等を認める（442条）。③取締役は，定時株主総会に計算書類等を提出し，計算書類の承認を受け，事業報告の報告をする（438条）。会社は，その後，④遅滞なく，計

算書類の貸借対照表（及び，大会社では，損益計算書）を公告（官報の掲載，日刊紙の掲載，電子公告，いずれかを定款で決定）する（440条）。

　（2）剰余金　「剰余金の配当」(dividend, Dividende, Dividende) は，会社が，株主に対し，その有する株式の額に応じて，会社財産を分配することである（453条）。

　先ず，剰余金（純資産から資本金を引いた残額＝その他資本剰余金とその他利益剰余金の合計額）の配当は，株主に対する会社財産の流出として，株主に対する金銭の分配（利益配当，中間配当，資本金・準備金の減少に伴う払戻）及び自己株式の有償取得である。

　次に，剰余金の配当は，財源規制と株主総会の決議を必要とする。一つは，分配可能額，即ち，剰余金の額を基準とし（446条），そこから加算と減算をして算出した額の範囲内で（461条），かつ，純資産額300万円以上であるとき（458条），剰余金の配当ができる。

　二つは，剰余金の配当は，その都度，株主総会の決議によって，①配当財産の種類・帳簿価格の総額・②配当財産の割当事項・③効力発生日を定める（454条①）。現物配当・特定の者からの自己株式の有償取得について，株主総会の特別決議を要する（309条②10号，160条・156条①・309条②2号）。

　三つは，剰余金の配当は，一事業年度中，回数の制限なくできる。取締役会は，定款によって，一事業年度の途中で，一回に限り，剰余金の配当を決議できる（454条）。

　最後に，分配可能額を超えた剰余金の配当（いわゆる蛸配当）は，無効である（461条）。その結果，会社及び債権者は，株主に対し，違法分配額の返還請求できる（462条，463条）し，また，業務執行者等の弁済義務を定めている（462条）。

§4. 法人

　株式会社は,「法人」(自然人と同様に,権利・業務の主体となる者)である(3条)。したがって,会社の名をもって契約を締結し,その権利・義務を享有できる(会社の法律関係を単純に処理するためである)。会社の法人格について,能力の範囲に関する問題(注11),また,法人格否認に関する問題(注12)が論議されている。

1. 設立

　「株式会社の設立」(incorporation, Gründing, foundation)は,営利・社団という実体を形成(定款の作成,株主と出資の確定,機関の具備)し,かつ,法人格を取得すること(設立登記)によって完了する。会社は,会社法の定める要件に適合すれば当然に成立する(49条)。この意味で,「準則主義」(general incorporation, System der normativbedingungen)を採用する。

　(1) **定款の作成**　定款の作成をもって始まる。株主と出資の確定・機関の具備は定款の外で定まり,かつ,設立時に出資の履行が強制される(株主が有限責任を負い,従って,会社債権者を保護する必要のためである)。発起人(promoter, Gründer, fondateur)は,定款を作成した後,署名・記名押印(電子署名)し(26条),かつ,公証人の認証を受ける(紛争・不正回避の要請)(30条①)。定款は,大審院昭和5年9月20日(新聞3191号10頁)によると,規則定款・書面定款の双方であり,また,発起人(設立の企画者)は,大審院昭和7年6月29日判決(民集11巻12号1257頁)によると,発起人として定款に署名した者に限る。

　(2) **発起設立と募集設立**　株式発行事項を決定(32条)した後,発起設立(Einheits-oder Simulltangründung, costitution sans apple public à l'épargne)又

は募集設立 (constitution avec apple à l'épargne) という手続がある。

「発起設立」(発起人が，設立の際に発行する株式の総数を引き受ける手続) は，①発起人の株式全部の引受 (25条①1号)，②出資の履行 引受価額の払込・払込取扱機関と現物出資の履行 (34条①②)，③設立時取締役・監査役の選任 (38条①②)，④設立経過の調査 検査役の変態事項の調査 (33条) と取締役・監査役の調査 (47条) である。

これに対し，「募集設立」(発起人が，設立の際に発行する株式の総数の一部を引き受け，残りの株式につき株主を募集する手続) は，①発起人の一部引受 (25条①2号)，②株主の募集 (25条①2号) 発起人の通知と株式の申込 (59条①④)，③株式の割当 (60条①) と引受 (62条1号) これにより，株式申込人は株式引受人となる。④出資の履行 引受価額の払込・失権手続と払込取扱機関 (63条①)・払込金の保管証明 (64条)，⑤創立総会 発起人報告の聴取 (87条①)，取締役・監査役等の選任 (87条②)，定款の変更・設立の廃止 (73条④)，取締役による調査 (93条) である。

(3) **設立登記** 設立の登記は，代表者 (例えば，代表取締役) が，それぞれの手続終了後，2週間内に，本店所在地においてする。これによって，会社は成立する (創設的効力) (49条)。したがって，法人格の取得により，発起人に形式的に生じた法律関係 (権利・義務) は会社に帰属する。株式引受の無効・取消の制限 (51条・102条)，権利株の譲渡制限の解除 (35条・63条②)，株券発行の義務 (215条) の効果も生ずる。

(4) **責任・瑕疵** 設立関与者 (発起人と設立時取締役・監査役) は，会社成立のとき，現物出資・財産引受の不足額支払義務 (52条) と損害賠償責任 (53条)，または，会社不成立のとき，設立に関する行為に対する連帯責任と設立費用の負担 (56条) を定める。擬似発起人も責任を負担する (103条)。会社の設立を一般原則によって無効にすると，法的安定性を害するので，無効の主張や効果を大幅に制限するために，設立無効

の訴という制度を設ける（828条）。

2．変更

会社基礎の変更（fundamental changes）である。株式会社は，設立の後，事業の拡大や縮小に伴って，会社の基礎を変更できる。

(1) **組織変更**　「組織変更」(re-registration, Formwechsel, transformation) は，株式会社が，総株主の同意により（776条），同一性を失わずに，持分会社に変更することである（会社の解散と設立に伴う時間的・経済的損失を回避するためである）。

(2) **事業の譲渡・譲受等**　事業の譲渡（会社の事業の全部又は重要な一部の譲渡）・譲受，また，事業全部の賃貸・経営委任・利益共同契約等は，株主総会の特別決議を要する（467条1号・309条②11号）。

(3) **合併**　「合併」(meger, consolidation, amalgamation, Verschmelzung, fusion) は，株式会社が，契約により，他の会社（株式会社・持分会社）と一つの会社になることである（事業の拡大・競争回避・経営合理化・市場独占等の目的を実現するためである）。これは，人格の合一であるか（人格合一説），または，現物出資であるか（現物出資説），という議論があるが，人格合一説が多数である。

合併には，吸収合併（当事会社のうち，一つの会社が存続し＝存続会社，解散する他の会社＝消滅会社の社員や財産を吸収するもの）（2条27号）と新設合併（当事会社の全部が解散し，新会社＝新設会社を設立するもの）（2条28号）がある。わが国では，吸収合併が一般的である。これは，株主総会の承認（特別決議）を要する（吸収合併の消滅会社783条・784条及び存続会社795条・796条，新設合併の消滅会社804条・805条）。

(4) **分割**　「分割」(corporate divestiture, Spaltung, scission) は，株式会社が，二つ以上の会社（株式会社・持分会社）になることである（経営の合理化・分離独立・合弁企業等の目的を実現するためである）。

分割には，吸収分割（分割する会社＝分割会社が，その事業に関して有する権利義務について，既存の会社＝承継会社に承継させるもの）と新設分割（新しく設立した会社＝新設会社に承継させるもの）がある。これは，株主総会の承認（特別決議）を要する（吸収分割の分割会社783条・784条及び承継会社795条・796条，新設分割会社804条・805条）。

(5) **交換・移転** 持分会社の解禁（平成9年の独禁法の改正）に伴って，ある株式会社が他の株式会社の100％子会社（完全子会社）になるとき，親会社＝完全親会社となる会社が既存の会社である場合を「株式交換」(share exchange)（2条31号），新設会社である場合を「株式移転」(2条32号)という。これは，株主総会の承認（特別決議）を要する（株式交換の完全子会社783条・784条及び完全親会社795条・796条，株式移転の完全子会社804条・805条）。

3．解散

会社の解散 (dissolution, auflösung, dissolution) と清算 (liquidation, winding-up, abwicklung, liquidation) である。

(1) **解散** 会社の解散（会社の法人格を消滅させる原因となる事実）の原因となるのは，①定款所定の事由（例えば，存立時期の満了等）の発生，②株主総会の決議，③合併，④破産，⑤解散命令，⑥解散判決，⑦みなし解散である（471条・472条）。これによって，会社の法人格は直ちに消滅するわけではない。合併・破産を除いて，清算に入る。清算の終了まで，清算の目的の範囲内で存続する（476条）。

(2) **清算** 会社の清算（解散した会社の既存の法律関係を整理し，その財産を処分するための手続）は，取締役からは清算人に代わるが，株主総会・監査役は継続する。株式会社では，法定清算であり，通常清算（裁判所の監督に服さない清算）と特別清算（裁判所の監督に服する清算）がある。後者は，破産等と並ぶ倒産処理方法である。前者は，取締役が清算人となるのを原則とし，また，清算事務は，現務の結了，債権の取立・債務の弁済，残余

財産の分配である。

§5. おわりに

「株式会社」という観念は，わが国の法制上及び経済社会において，本来，大企業のための企業形態として長年に渡り形成されて来たものである。したがって，「会社法」という一片の法律をもって，この観念を否定し，かつ，法形式的な「株式会社」の概念を設けることは好ましいことではない。このような観点から，本稿は，株式の自由譲渡を前提とする「公開」の株式会社について，また，「営利・社団・法人」という会社の本質から接近して，株式会社の法的な構成を概観したものである。

注

(注1) 田中誠二「再全訂　会社法詳論上巻」（勁草書房 1982・6・5）109頁以下は，株式会社について，(1) 資本，(2) 株式，(3) 有限責任，(4) 会社を要素とする。

(注2) この事情は，例えば，宮島司「新会社法エッセンス」（弘文堂　2005・9・30）33頁によると，「平成17年の新会社法は,大規模公開会社こそが株式会社の理念型であるとして来た従来の考え方に対し,その理念を転換したものと思われる。株式会社にも，その株主が1人のものから数千人のものまであることを正面から認め，それぞれの規模・ニーズに応じた機関組織を備えることができるよう，種々の機関構造を有する株式会社を承認したのである」と説明し，また上村達男「新会社法の性格と会社法学のあり方」『会社法における主要論点の評価』（中央経済社 2006・12・25）87頁以下によると，『『株式会社とはもっともルーズな有限会社である』ということになった」と評している。

(注3)「会社法の体系」について，株式会社の法的な構成を理論的な観点から取り上げたものとして，例えば，田中「会社法詳論上巻」51〜2頁，西原寛一「会社法学の体系について」・松本古希記念『会社法の諸問題』（有斐閣 1951・4・30）39頁以下がある。

（注4）会社法は，法人とするのみで（3条），従来と異なり，その実体を営利・社団であると明定していない。そこで，解釈上の問題が起こる余地もある。すなわち，会社を社団とみるか否か，また，会社に営利性を求めるか否か，という問題である。これは，山本為三郎「株式会社とは何か」山本為三郎編集『新会社法の基本問題』（慶應義塾大学出版会 2006・2・28）3頁以下，布井千博「会社制定の基本原則の変容」川村正幸・布井千博編集『新しい会社法制の理論と実務』（別冊金融商事判例 2006・8・2）30頁以下で取り扱われている。

（注5）会社法の強行法規制と定款自治の問題は，従来から論議されている。例えば，田中誠二「会社法詳論上巻」41頁以下。会社法は，株式会社の規制緩和を背景とし，定款自治を拡大する。これは，川村正幸「会社法現代化の意義」『新しい会社法制の理論と実務』11〜13頁，柳明昌「定款規定の有効性」（法律時報 2008・80巻11号 通巻1001号）26頁以下，川村正幸「会社法の強行法規制と定款自治」『会社法の争点』（ジュリスト増刊 2009・11・30）16頁以下で取り扱われている。

（注6）株主権論を概観するものとして，例えば，田中誠二「会社法詳論上巻」245頁以下，北沢正啓「株式性質論の展開」『株式会社法研究』（有斐閣 1976・10・20）87頁以下がある。この問題は，会社法においても変わりがない。例えば，岸田雅雄「ゼミナール会社法入門」（日本経済新聞社 2006・2・24）185〜7頁で従来通り取り扱われている。

（注7）この問題は，従来，例えば，田中誠二「会社法詳論上巻」265頁以下で論議されていたが，会社法においても，議論されている。例えば，北村雅史「株主平等の原則」『会社法の争点』46頁以下である。

（注8）株式会社の機関は，例えば，北村雅史「株式会社の機関」『会社法における主要論点の評価』137頁以下によると，従来通りである。

　　持分会社と比較すると，次のような特色を有する。一つは，「株主資格と機関資格の不一致」である。株主は，株主総会で，議決権を行使して，会社の意思を決定する権限（いわゆる支配権）を有するが，会社の業務執行及び代表の権限（いわゆる経営権）を有しない（株主が多数存在し，また，経営意思や能力を欠如すると想定するためである）。そこで，株主は，株主総会で選任した取締役に対し，経営権を委ねる。二つは，「機関の分化・専門化」である。これは，国家権力の分立という政治思想から影響を受けたものであり，意思機関（意思決定を権限とする機関），執行機関（業務執行を権限とする機関）・監督機関（業務執行の監督を権限とする機関）がある。

【2】株式会社　45

(注9) この問題は，従来，例えば，田中誠二「会社法詳論上巻」591頁以下で論議されていたが，会社法においても，論議されている。例えば，森田章「取締役・執行役の善管注意義務と忠実義務」『会社法の争点』138頁以下である。

(注10) この問題は，従来，例えば，田中誠二「会社法詳論上巻」686頁以下で論議されていたが，会社法において，従来通り論議される。例えば，西山芳喜「監査役の監査権限の範囲と機能の強化」『会社法の争点』170頁以下である。

(注11) 会社の権利能力の範囲について，自然人的な性質に基づく権利・義務（例えば，生命権・親権・扶養の義務等）を享受しないし，また，法令による制限に服するが，定款所定の目的に制限を受けるか否か（例えば，製鉄会社は養殖鰻を販売できるか），という問題は残る。この問題については，例えば，田中誠二「会社法詳論上巻」71頁以下がある。判例・多数説は，一方で，民法43条を適用・準用し，会社が目的団体であるために，この制限を認めるが，他方で，取引の安全をも考慮し，その目的の範囲を広く解釈する（例えば，社会事業・教育事業・社寺の祭典等に対する応分の寄付もできる）。最高裁昭和45年6月24日判決（民集24巻6号625頁）によると，特定政党に対する政治献金までも許される。この趣旨を徹底すると，目的による制限を否定することになる。

(注12) 株主は，会社とは別個の人格であり，その結果，会社の法人格を形骸化（実質的には，会社といっても，個人企業で，業務や財産の混同がある場合）し，または，濫用（競業避止義務や強制執行を免れるために，会社を利用する場合）する問題が起こる。これに対して法人格の独立性を貫くと，正義・衡平に反する結果となる。そこで，特定の法律関係に限り，法人に認められる属性を否定するし，会社とその背後にいる株主（個人）を同一視する解決が必要となる。これは，「法人格否認」の法理（piereing the veil of corporate entity）として，最高裁昭和44年2月27日判決（民集23巻2号511頁）及び昭和48年10月26日判決（民集27巻9号1240頁）で認められており，現在，判例・多数説である。例えば，田中誠二「会社法詳論上巻」85頁以下がある。

【3】有価証券

§1. はじめに

　有価証券（例えば，商品券，乗車券・観覧券，株券・社債券，手形・小切手等）は，資本主義経済を基盤とする企業間の信用取引において，重要な地位と役割を有する。わが国の法制は，有価証券に関する統一的・体系的な法律を有しない。有価証券に対して，民法（民86条③，365条・366条，469条・470条・472条），商法（516条②，517条，519条，501条，578条・595条）及び会社法（株券について214条～233条，社債券について696条～699条）・手形法・小切手法のみならず，民事訴訟法（350条～367条），破産法（78条①8号），金融商品取引法（2条①），刑法（162条・163条）等，多数の法律が定めている。これらは，それぞれの立法目的から，個別的かつ限定的であり，また，私法的かつ公法的な法規制をする。その結果，有価証券の意味は，それぞれの法律によって異なる。

　ところが，有価証券は，本来，財産権を取引の対象とするために，無形の権利と有形の証券（紙）を結合し，従って，権利を証券化する。これによって，証券の所持（占有）を基準として，権利取引の明確化と円滑化を図るものである。したがって，従来の物権や債権に属さない特殊な法律関係が生じ，また，有価証券取引の関係者間の権利・義務関係を調整する必要も起こる。

　そうすると，有価証券法という一つの法領域を理論的に構築するこ

とが必要である。それぞれの有価証券をバラバラに考察するのではなく、統一した観念を確立し、これに基づいて構築された「有価証券法」という法領域である。この法領域は、有価証券に特有な法であり、従って、私法の中でも、特に、企業法の法領域に属することになる。有価証券法という法領域は、この法領域の対象となる有価証券という観念、また、これに対する法規制の方法及び目的をそれぞれ確定することによって明らかとなる。

　本稿においては、有価証券法は、有価証券の取引（発行・流通・決済）を対象とし、この取引に関わる利害関係者の権利・義務を規律し、取引の明確化と円滑化を図る法であるという理解に基づいて、有価証券という観念を明らかにし、また、有価証券の代表としての手形・小切手の発行・流通・決済を考察する。

§2. 有価証券

1. 意義

　「有価証券」(Wertpapier) とは、私法上の財産権（条件付財産権を含む）又は財産的利益を受ける資格（小切手）を表章する証券であって、その権利の利用又は処分に証券の所持（占有）を必要とするものをいう（例えば、金銭の支払請求権を表章する手形・小切手・社債券、物品の引渡請求権を表章する貨物引換証・船荷証券・倉庫証券、役務の給付請求権を表章する乗車券、主たる債権と共に質権・抵当権を表章する質入証券・抵当証券、株主権＝株式を表章する株券）[注1]。

　有価証券は、本来、財産権と証券との結合、従って、権利の証券化によって、財産的な価値を生ずる。その結果、権利と証券は法的に関連することになる。問題は、権利の移転又は行使に証券を必要とするか、あるいは、権利の移転に証券を必要とするか、という論議である。

これは，有価証券の有する安全機能と流通機能のいずれを重視するかにより結論が異なる。しかし，実際の相違は，記名証券を有価証券の概念に包含するか否かにすぎない。そうすると，記名証券の譲受人(所持人)が安全な地位に立つ機能に重点を置くべきである。

2．性質

有価証券は，その有する性質によって，次のような分類をすることができる(注2)。

(1) **権利と証券の結合** 権利と証券の結合の態様によって，「完全有価証券」(vollkommenes Wertpaper)(例えば，手形・小切手のように，権利と証券が分離して存在できないもの)と「不完全有価証券」(unvollkommenes Wertpaper)(例えば，株券，貨物引換証・船荷証券，倉庫証券のように，権利の発生・移転・行使のいずれかについて，証券を必要とするもの)となる。

(2) **権利の性質** 証券の表章する権利の性質によって，「債権的有価証券」(例えば，手形・小切手のように，社債券，貨物引換証・船荷証券，倉庫証券，商品券，金銭債権・物品引渡請求権等の債権を表章する証券)・「物権的有価証券」(例えば，抵当証券・質入証券等のように，物権を表章する証券。ただし，抵当証券・質入証券は，主たる債権と同時に，抵当権・質権も表すにすぎない)・「社員権的有価証券」(例えば，株券のように，社員権，特に，株主権=株式を表章する証券)となる。

(3) **権利者の指定** 権利者の指定方法によって，「記名証券」(Rekta-papier)(例えば，裏書禁止の手形・小切手，貨物引換証・船荷証券等のように，証券上に特定人を債権者として表示した証券)(手77条①1号・11条②，小5条①1号・14条②)・「指図証券」(Orderpapier)(例えば，通常の手形，貨物引換証・船荷証券等のように，証券上に記載された者又はその指図人=裏書により証券を譲り受けた者を債権者とする証券)(手77条①1号・11条①，小5条①1号)・「無記名証券(持参人式証券)」(Inhabeeeerpapier)(例えば，無記名式の小切手・社債券・商品券・乗車券等のように，証券の正当な所持人=持参人を権利者として取扱う

証券)・「選択無記名証券（記名持参人式証券）」（例えば，多くの小切手のように，証券上に特定人を権利者として指定するとともに，証券の正当な所持人をも権利者として取扱う証券　これは，無記名証券とみなされる）（商法519条，小5条②）となる。

　(4) **権利と原因**　権利と原因との関係によって，「無因証券（不要因証券)」(abstraktes Wertpapier)（例えば，手形・小切手のように，売買契約等の原因関係から切り離された抽象的な権利を表章する証券）と「有因証券（要因証券）」(kausales Wertpapie)（例えば，貨物引換証・船荷証券，株券のように，原因関係を表章するだけの証券）となる。

　(5) **公信力**　公信力の有無によって，「文言証券（公信的証券)」(skripturrechitlches Wertpapier)（例えば，手形・小切手，貨物引換証・船荷証券のように，証券の善意取得者が記載文言に従って権利を取得し，記載のない事項をもって対抗されない証券）と「非文言証券（実質的証券)」（例えば，株券のように，証券に記載のない原因関係が，証券の所持人にも効力を有する証券）となる。

3．範囲

　有価証券に属する証券（種類）とこれに似て非なる証券（区別）である。

　(1) **種類**　有価証券は，権利と証券との結合，従って，権利の証券化を本質とする。そうすると，次のようなものが有価証券に属する。

　①手形・小切手（手形金・小切手金の支払請求権を表章する有価証券），②商品券（一定量又は一定額の商品の引渡請求権を表章する有価証券）や乗車券（運送人に対する旅客の運送請求権を表章する有価証券），③株券（株主の地位＝株式を表章する有価証券）（会社法214条以下）と社債券（社債の発行にあたり，社債権者の権利＝社債を表章する有価証券）（会社法696条）。④貨物引換証（商法571条以下）と船荷証券（商法767条以下）（いずれも，物品の運送を運送人に委託したとき，運送終了後に物品の返還請求権を表章する有価証券），⑤倉庫証券（物品を倉庫業者に寄託したとき，寄託物の返還請求権を表章する有価証券），⑥抵当証券（抵当権と被担保債権を表章する有価証券）（抵当証券法14条以下）。

　(2) **区別**　有価証券は，権利と証券との結合を本質とするので，次

のような証券（似て非なる証券）と区別することができる(注3)。

①証拠証券（例えば，借用証書・預金証書・領収書・売買契約書等，ある事実＝権利関係の存在・内容等を証明するもの）は，ある事実について争いが生じたときに証拠資料となるが，財産権の記載があっても，これを表章するものではない（従って，権利の行使や譲渡に必ずしも証券を必要としない）。②免責証券（例えば，コインロッカーの鍵・携帯品預かり証・銀行預金払戻の引換札等，不特定・多数の権利者がいて，権利者の識別を債務者が困難とする場合，債務者が証券の所持人に弁済すれば，所持人が正当な権利者でなくとも，弁済は有効となり，債務者は免責されるもの）は，債務者のために権利推定の効力を与えるが（民法471条・478条），証券が権利を表章するものではないので（従って，証券がなくとも，権利者であることを証明すれば，権利を行使できる），証券による権利の譲渡はできない。④金券（例えば，郵便切手・収入印紙・紙幣・硬貨等，それ自体が財産的な価値を有するもの）（郵便法32条①，印紙税法8条①，貨幣法1条・日本銀行法29条）は，所持人が発行者に対する請求権を表章するものではない。

§3．手形・小切手

1．意義

「手形」(wechsel, Lettre de change et bllet á ordre, bill of exchange and promissory note) と「小切手」(Scheck, Chèque, cheque or check)は，金銭の支払を約束又は委託（依頼）する金銭債権を表す有価証券である。手形には，約束手形と為替手形の二種類がある(注4)。

（1）意義　「約束手形」(eigener Wechsel, billet à ordre, promissory note)は，振出人（発行者）Aが，受取人（相手方）B（又はその譲受人である手形所持人）に対して，一定金額の支払を約束する証券（金銭支払約束証券）である。「為替手形」(gezogener Wechse, llettre de change, bill of exchange)は，振出人（発行者）

Aが，支払人（第三者）Cに宛てて，受取人（相手方）B（又はその他正当な所持人）に対して，一定金額の支払を委託する証券（金銭支払委託証券）である。小切手は，振出人（発行者）Aが，支払人（第三者・銀行）Cに宛てて，一定金額の支払を委託する証券（支払委託証券）である。

そうすると，約束手形は，振出人が同時に主たる債務者であるから，振出人と受取人の二当事者でよいのに対し（手75条），為替手形は，振出人と支払人が分離するから，振出人・受取人・支払人の三当事者を必要とする（手1条）。小切手は，支払委託証券であり，引受前の為替手形と類似するけれども（小1条），経済的な機能から生ずる差異を示している。

(2) **性質** 手形・小切手は，有価証券として，①完全有価証券，従って，設権証券・呈示証券（手77条①3号・38条①，小29条①）・受戻証券（手77条①3号・39条①，小34条①），②金銭債権証券（手75条2号・1条2号，小1条2号），③法律上当然の指図証券（手77条①・11条①②，小14条①②），④無因証券（支払約束・委託の単純のため 手75条2号・1条2号，1条2号），⑤文言証券，⑥要式証券（手76条①・2条①，小2条①）としての性質を有する。

2．機能

手形・小切手は，主として，企業取引の手段として利用されており（必ずしも，企業の利用に限られず，一般人の利用もある），それぞれ，次のような経済的機能を有する。

(1) **約束手形** 約束手形は，信用利用の手段を主とする。これは，資金を必要とする者が利用するものであり，手形割引＝手形売買（代金は，通常，手形金額から満期日までの利息を控除したものである）として，または，手形貸付（債権担保＝貸金の確保のための手形の振出）として（金銭の貸付にあたり，借用書を借主に提出させる代わりに，または，時には，借用書とともに）実現する。

【3】有価証券　53

　(2) **為替手形**　為替手形は，本来，遠隔地に対する送金手段を主とする(例えば，江戸の商人Bは，大阪の商人Dから商品を買い入れ，代金の支払をすることになった。ところが，江戸から大阪に現金を輸送するためには，費用や危険を伴う。そこで，商人Bは，この費用と危険を回避するために，江戸にある両替商本店Aに現金を払い込み，為替手形の振出を受けると，これを大阪の商人Dに送付する。大阪の商人Dは，大阪の両替商支店Cから支払を受ける)。しかし，これは，現代では，国内取引の利用は殆どなく，信用利用の手段として利用されている。

　(3) **小切手**　小切手は，債務支払(例えば，売買代金の支払等)の手段を主とする(例えば，買主等の債務者＝振出人は，金銭の支払に伴って生ずる煩雑と危険を避けるために，銀行を通して金銭の授受をするのである)。これは，すべて一覧払で(小28条)，かつ，流通期間も短いので(小29条・32条)，もっぱら，支払証券の性質を有する(信用証券・流通証券の性質を有しない)。

§4．手形・小切手の発行

　手形と小切手の発行を「振出」(Ausstellung, création, drawing)という。振出は，手形・小切手の作成と交付を要件とする。作成は，書面(金融機関を支払場所とする場合，統一手形用紙)に法定事項を記載し，かつ，署名することである(手75条・1条，小1条)。交付は，証券を受取人に交付することである[注5]。

1．手形・小切手記載事項
　(1) **必要的記載事項**　必要的記載事項＝「手形・小切手要件」(法が絶対的に記載を要求する事項であって，それを欠くと，手形・小切手の効力を生じない)を記載すべきである(手76条①・2条①・小2条①)。約束手形(約束手形文句，支払約束文句，満期，受取人，振出日・振出地，振出人)，為替手形(為替手形文句，支払委託文句，支払人，

満期, 支払地, 受取人, 振出日・振出地, 振出人), 小切手 (小切手文句, 支払委託文句, 支払人, 支払地, 振出日・振出地, 振出人) について, 次の通り法定されている (手75条, 1条, 小1条)。

　先ず,「約束手形」・「為替手形」・「小切手」という名称を示す文字と支払約束 (手形金をお支払します)・委託 (手形金・小切手金をお支払ください) の文句である。証券の文言 (本文) 中に (従って, 表題のみでは足りない), かつ, 手形作成の語 (国語) で, 名称を記載する。支払の約束・委託の文句は, 支払確保及び流通強化のために, 一定 (確定) 額の金銭とし, また, 単純 (無条件) な記載とする。したがって, 選択的 (例えば, 100万円乃至200万円, 100万円又は150万円) や不確定 (例えば, 50万円の限度において) の記載を許さない。また, 手形・小切手外の事実に効力を関係させない。条件 (例えば, 商品の到達次第支払う) や反対給付 (例えば, 船荷証券と引換に支払う) の記載は許されない。

　次に, 振出日 (振出の日として証券に記載された日) と満期 (支払の日として証券に記載された日) である。振出日は, 確定かつ可能の日である (満期以後の日はありえない)。しかし, 実際の振出の日でなくとも, 先日付 (実際に振出した日は8月1日であるのに, 8月10日のような将来の日を記載) でも, 後日付 (実際に振出した日は8月5日であるのに, 8月1日のような過去の日を記載) でもよい。満期は, 手形に必要である (小切手は, 一覧払を法定するので, 満期の記載を不要とする)。これには, ①確定日払 (例えば, 平成××年5月12日のように, 確定した日を満期とするもの, 月の初め・月の半ば・月の終りと記載してもよい)・②日付後定期払 (例えば, 日付後1月半のように, 振出日付の後, 確定した期間を満期とするもの)・③一覧払 (例えば, 一覧払い, 請求次第支払うのように, 支払のための呈示のあった日＝一覧の日を満期とするもの)・④一覧後定期払 (例えば, 一覧後1月のように, 一覧後, 確定した日を満期とするもの) があり (手77条①2号・33条), これと異なる満期 (例えば, 2カ月据置・3日前通知払) や分割払 (例えば, 手形金の一部ごとに異なる満期を定めたもの) は無効である。満期の記載を欠

くと，一覧払とみなされる（手76条②）。

更に，振出地（振出の地として証券に記載された地域）と支払地（支払のなされるべき地域）である。振出地は，支払地と比べて弾力的であり，独立の最小行政区画（例えば，海老名市のような市町村，東京都杉並区のような東京都の特別区）を記載しなくともよい（例えば，神奈川県でも，日本でもよい）。実際に振出された地域でなくともよい。振出地は，特別の表示のない限り，支払地であり，また，振出人の所在地とみなされる（手76条③）。支払地は，独立の最少行政区画に限らず，これを推知できる地名の記載があればよい（例えば，麹町・丸の内の記載は千代田区と解する）。

最後に，振出人（手形・小切手を振出した者として，証券に署名した者）と受取人（支払を受ける者として証券に記載された者）・支払人（手形・小切手の支払の委託を受けた者）である。振出人は，手形・小切手の振出を明示するために，証券に署名する。手形は，受取人を必要とし，手形上の権利者を決定するために，人の名称と認められる程度の記載（氏名・商号・通称・雅号等）であればよい。非実在の者（仮設人・架空の会社）であってもよい。重畳的（B及びD）又は選択的に（B又はD），数人いてもよい。受取人と振出人を兼ねてもよい（手3条①）。為替手形と小切手は，支払人を必要とする。小切手では，支払の確実性を求めるために，振出人が資金を持ち，かつ，その資金から小切手の支払を委託する契約（小切手契約）を締結した銀行に限られる（小3条）。

(2) **有益的記載事項**　有益的記載事項（これを記載する必要はないが，記載すれば，その通りの効力が認められる事項）を記載してもよい。手形では，利息文句（一覧払及び一覧後定期払に限って，手形金額について，満期までの利息の請求を認める文句）（手77条②・5条），支払場所・第三者方支払文句（第三者の住所において支払うという文句　これは，実際上，取引銀行を指定することが多い。この場合，その銀行の営業所が支払場所であり，その銀行が支払担当者となる。これは，手形交換所で決済されることを意味する）（手7

7条②・4条），振出人の肩書地（手76条④・2条④），拒絶証書作成の免除文句（手77条①3号・46条①）である。小切手では，受取人の表示（記名式・指図式の振出）（小5条），指図禁止文句（小5条①2号・14条②），第三者支払文句（小8条），線引の記載（小37条）である。

(3) **無益的記載事項** 無益的記載事項（これを記載しても，効力を認められず，従って，この記載が無意味となる事項）を記載する必要がない。手形では，確定日払手形・日付後定期払手形における利息の記載，法律規定の繰返（例えば，指図文句・引換文句）（手77条①1号・11条①，手77条①3号・39条①）である。小切手では，満期の記載（小28条），利息文句（小7条）である。

(4) **有害的記載事項** 有害的記載事項（これを記載すれば，手形・小切手の効力を無効にする事項）を記載すべきではない。分割払の記載（手77条①2号・33条②，小28条），条件付支払約束・委託文句である。

(5) **署名** 振出人の署名は，自署（署名者が自筆で自分の名称を手書きすること）でも，記名捺印（署名者の名称を記載して押印すること）でもよい（手82朱，小67条）。また，個人は，振出人である個人が署名すればよいのに対し，法人は，代表者が法人名を記載しかつ自己の代表資格を表示して署名すればよい（例えば，株式会社高千穂商事　代表取締役　西山永輔　印）。

2．効果

手形・小切手の振出の効果は，次の通りである。

(1) **約束手形** 約束手形は，支払約束証券であるために，振出人は，満期に手形金を支払うべき，無条件かつ絶対的な義務を負担する（従って，手形の所持人は，満期になれば，当然かつ無条件に，振出人に対して，手形金の支払請求権を有する）（手78条①＝28条①）。この義務は，満期に支払の呈示がなくとも，時効にかからない限り消滅しない（手77女①8号＝70条①）。また，この義務は，手形の最後の所持人のみならず，遡求に応じて手形を受戻した

者に対しても負担する。

（2）**為替手形**　為替手形は，支払委託証券であるために，受取人は，支払人に対する手形金支払を目的とする期待権（引受を停止条件とする手形金請求権）及び支払人の引受又は支払拒絶の場合，振出人に対する遡求権を取得する（支払人は，引受によって支払義務を負担するためである）。

したがって，振出人は，引受及び支払の担保責任を有する（手9条①）。振出人は，支払人が引受及び支払を拒絶した場合，遡求義務者として遡求金額を償還しなければならない（手43条・47条・48条）。引受無担保の記載は有効であるが，支払無担保の記載は無効である（手9条②）。

（3）**小切手**　小切手は，支払委託証券であるために，受取人は，支払人から小切手金の支払を受ける期待権及び支払人の支払拒絶の場合，振出人に対する遡求権を取得する。振出人は，支払を担保する責任を負担し，支払無担保の記載をしても無効である（手12条）。

3．手形・小切手行為

「手形・小切手行為」(Wechselakt)（証券上の権利義務の変動を目的とする行為であって，証券に署名を必要とするもの）は，約束手形では，振出・裏書・保証であり，為替手形では，振出・引受・裏書・保証・参加引受，小切手では，振出・裏書・保証・支払保証である。これらの行為は，手形・小切手の理論（契約説と単独行為説）によって相違する。振出は基本的な行為（手形・小切手を創造し，他の行為に基礎を与える行為）であり，これ以外のものは付属的行為（振出により作成された基本手形・小切手の上になされる行為）である[注6]。

（1）**能力**　この行為は，意思表示であり，従って，手形・小切手上の能力（権利能力・行為能力）を有し，かつ，意思の欠缺・瑕疵がないこと（これに対して，民法の一般原則の適用される），また，証券上の行為であり，従って，証券の作成・記載と署名を必要とする。

(2) **代理** 代理は，証券行為であるために，顕名主義（例えば，鳩山一郎　代理人小沢清，証券に本人のためにすることを記載し，代理人が署名すること）を必要とする。本人と代理人の表示を欠如する場合，代理人が責任を負い，また，本人の表示を欠如する場合，本人も代理人も責任を負わない。これに対し，**無権代理**（代理権のない場合）又は**越権代理**（代理権を超えた場合）でなされた場合，流通保護のために，代理人が責任を負い（手77条②・8条，小11条　民117条②の適用は排除される），また，表見代理の場合，本人と代理人が責任を負う。

(3) **偽造・変造**　偽造（他人の署名＝主体を偽り，例えば，振出等の行為をなすこと）では，偽造者も，被偽造者も，手形・小切手上の責任を負わない（偽造者の名義はないし，また，被偽造者も行為をしていないためである）。これに対し，変造（無権限で，例えば，金額・満期等，署名以外の手形内容を変更すること）では，変造者は，証券に署名のある限り，それに応じた手形・小切手上の責任を負う（変造前の証券に署名した者は，原文言＝署名当時の文言に従って責任を負い，また，変造後の証券に署名した者は，変造された文言に従って責任を負う）（手77条①・69条）。

(4) **白地手形・小切手**　白地手形・小切手（振出人が，例えば，金額・満期・受取人等，手形・小切手要件の一部を空白にした証券に署名して流通に置く，取得者にその補充を委ねたもの）は，未完成な手形・小切手（補充を停止条件とする証券上の権利と白地補充権を合わせて表す有価証券）である。これに不当な補充がなされた場合，署名者は，悪意・重過失なく，手形・小切手を取得した所持人に対して，その支払を拒むことができない（例えば，Aは，金額を白地として約束手形を振出し，100万円以内で補充してよいとの合意をBとした。Bがこの約束に反して150万円と補充した。この場合，AはBに支払を拒むことができる。しかし，悪意又は重過失なく，手形を取得したCに支払を拒むことができない）（手77条②・10条，小13条）。

(5) **行為の独立**　例えば，振出・保証・引受・裏書等，同一の証券になされた数個の行為は，前提行為が法定の方式を欠如しない限り，

その実質的効力に関係なく，それぞれ独立して効力を生ずる＝「手形・小切手行為独立の原則」(例えば，未成年者Aが，法定代理人の同意を得ないで，約束手形を振出した後，これを理由として振出を取消した。この場合，受取人Bが既に第三者に裏書していたとする。第三者Cは未成年者に支払を求めることはできないが，裏書人Bに遡求できる)(手77条②・7条，小10条)。

§5．流通

手形は，指図証券であり，従って，裏書によって譲渡される。指図式(あなた又はその指図人へ)又は記名式(例えば，A)を問わない(手77条①1号，11条①)。しかし，裏書(指図)禁止(例えば，A殿限り)をすると，指名債権譲渡の方法(民法466条～468条)によることになる(手77条①1号，11条②)。これに対し，小切手は，無記名式又は選択無記名式のとき，証券の交付によって(小5条)，また，指図式又は記名式のとき，裏書によって譲渡される(小14条)(注7)。

1．裏書

「裏書」(Indossament, endossememt, indorsement)は，本来，「譲渡裏書」(手形・小切手の譲渡行為)であり，手形・小切手の流通性を強化し，かつ，支払を確保することを目的とする。この外に，取立委任裏書・質入裏書等を含めることもある(注8)。

裏書は，手形・小切手の裏面又は補箋(手形に余白のないとき，これに結合した紙片)に，裏書人(譲渡人)が署名して，被裏書人(譲受人)に交付する(手77条①1号・13条①，小16条①)。これは，記載の仕方によって，三つに分れる。

一つは，記名式裏書であり，①裏書人の署名と②裏書文句(例えば，

表記の金額を下記被裏書人又はその指図人へお支払いください）及び③被裏書人の名称を記載する。他は，白地式裏書であり，①裏書人の署名と②裏書文句の記載はあるが，③被裏書人の名称の記載を欠く場合でも，または，①裏書人の署名のみの場合（他の手形署名との混同を防止するために，必ず，手形の裏面・補箋にする）でもよい（手了77条①1号・13条②，小16条②前段）。前者を通常の「白地式裏書」，後者を「簡易の白地式裏書」という。

2．特殊な裏書

（1）**戻裏書・期限後裏書**　「戻裏書」（例えば，振出人・裏書人・引受人等，すでに手形・小切手上の債務者となっている者を被裏書人とする裏書）と「期限後裏書」（支払拒絶証明書の作成後，又は，その作成期間の経過後になされる裏書）である。前者は，手形の流通性に基づき，債権と債務の混同を発生しないことを明確にしたものである（手77条①1号・11条②，小14条③）。後者は，指名債権譲渡の効力（担保的効力はないが，権利移転的及び資格授与的効力を有する。ただ，人的抗弁の切断及び善意取得を認めない）のみを有する（手77条①1号・20条①但書，小24条①）。

（2）**質入裏書・取立委任裏書**　「質入裏書」（例えば，担保の為・質入の為等，手形上の権利に質権を設定する目的でする裏書）と「取立委任裏書」（例えば，回収の為・取立の為・代理の為等，裏書人が，被裏書人＝銀行に対し，手形・小切手上の権利行使の代理権を与えることを目的とする裏書）である。前者は，権利移転の効力（資格授与及び担保的な効力を有する）を有せず，質権設定の効力（被裏書人は，手形上の権利の上に質権を取得し，かつ，これらの権利を行使する権限をも取得する）のみを有する（手77条①1号・19条）。これは，支払証券の小切手には認められない。後者は，権利の移転ではなく，代理権授与の効力（従って，資格投与の効力を有するが，権利移転及び担保の効力を有しない）のみを有する（手77条①1号・18条，小23条）。なお，隠れた取立委任裏書（実質的には，取立委任の目的を持ち，形式的には，通常の譲渡裏書である）は，手形の外観に重きを置くために，信託的な裏書と解される。

3．効果

裏書の効果は，次の通りである。

(1) **権利移転的効力**　手形・小切手から生ずるすべての権利は，裏書によって，裏書人から被裏書人に移転する（手77条①・14条①，小17条）。これを「権利移転的効力」という。したがって，被裏書人は，手形・小切手上の権利のみならず，これに従たる権利（例えば，質種・抵当権・保証債権等）をも取得する。

(2) **担保的効力**　裏書人は，裏書によって，被裏書人及びその後の手形所持人に対して，支払を担保する責任（為替手形では，引受及び支払の担保責任）を負担する。これを「担保的効力」という。ただし，裏書禁止を記載すると，被裏書人の後者に対して，この責任を負担しない（手77条①1号・15条，小18条）。これは，手形・小切手の信用を高め，流通を助長するための法定責任である。

(3) **資格授与的効力**　被裏書人（手形所持人）は，裏書の連続によって，適法な所持人＝手形上の権利者と推定される（手77条①1号・16条①，小19条）。これを「資格授与的効力」という。したがって，被裏書人は，真の権利者であることを証明しなくとも，手形・小切手上の権利を行使する資格を取得し，逆に，手形債務者も，被裏書人に対する弁済により免責される。これに対し，裏書の不連続は，実質的な権利の移転（例えば，相続・合併）を証明すると，権利を行使できる。

「裏書の連続」とは，最初の裏書から最後の裏書に至るまで連続していること（例えば，受取人BからCへ，CからDへと手形・小切手が譲渡されたとき，受取人Bが第1裏書人となり，その被裏書人Cが第2裏書人となり，その被裏書人Dが現在の所持人であること）をいう。これは，手形・小切手上，形式的に連続していればよい（例えば，実在しない会社の裏書が介在してもよい）。

4．善意者の保護

　手形・小切手取引の円滑と安全を図り，善意者を保護するために，善意取得及び抗弁の制限を定める(注9)。

　(1) **善意取得**　手形・小切手の裏書・引渡による譲渡にあたり，無権利者（例えば，盗取者・拾得者）の譲渡人から手形・小切手を譲り受けた者であっても，善意・無過失である限り，手形・小切手上の権利を取得（原始的取得）する（手77条①1号・16条，小21条）。これは，「善意取得」といい，譲渡人の無権利という瑕疵が治癒されるのみである（従って，無能力・代理権の欠缺等を治癒しない）。

　(2) **抗弁の制限**　手形・小切手の裏書・引渡による譲渡にあたり，手形・小切手の債務者は，譲受人＝所持人に対して，譲受人の悪意（債務者を害することを知っていること）を除いて，譲渡人に対する人的な関係（例えば，原因の欠缺，免除，相殺等）に基づく抗弁＝人的抗弁をもって対抗できない（手77条①1号・17条，小22条）。これを「抗弁の制限」という。これに対し，物的抗弁（例えば，手形要件の欠缺，満期未到来，偽造等）は切断されない，従って，善意の譲受人に対しても主張できる。

5．引受・保証

　(1) **引受**　「引受」(Annahme od. Akzept acceptation, acceptance)（支払人が，手形金支払の債務を負担する行為）は，為替手形にのみ認められている（これに対し小切手は，支払委託証券であるけれども，引受を絶対的に禁止する）（小4条）。引受によって，支払人は，引受人として手形の債務者となり，満期に手形金額を支払う絶対的な義務を負う（手228条①）。これとは別に，第三者（支払人以外の者）による「参加引受」もある（手66条～68条）(注10)。

　引受のためには，「引受の呈示」（手形を支払人に示して，引受を請求する行為）を必要とする（実際には，振出前に手形を得ておくことが多い）。これは，手形の所

持人又は単なる占有者（例えば，所持人の単なる使用人）が，満期（満期当日は不可）に至るまで，何時でも，何回でも，支払人の住所（営業所）で行うことができる（手21条）。引受の呈示をするか否かは，呈示の禁止（手22条②③）・呈示の義務（引受呈示命令）（手22条①）・一覧後定期払（振出後1年以内）（手23条）の例外を除いて，所持人の自由である。

引受呈示のあったとき，支払人は，翌日にもう一度呈示して欲しい旨（例えば，振出人への照会・帳簿の調査等の必要）を請求できる（手24条①）。引受の方式には，正式引受（手形に引受文言を記載し，支払人が署名する方式）と略式引受（手形の表面に署名する方式）がある（手25条①）。

(2) 保証　「保証」（Wechselbürgschaft, Aval）（例えば，振出人・裏書人等の他人の手形・小切手上の債務を担保する行為）は，債務者の信用を高め流通を容易にするために，手形・小切手に認められている（実際には，債務者の不信用を公表するので，余り行われていない。この目的を裏書によって達成することが多い。これを隠れた保証という）。保証の方式には，正式保証（証券・補箋に，保証文句と保証される者＝被保証人の名称を記載し，保証人が署名する方式）と略式保証（被保証人の名称を欠く場合，または，保証文句と被保証人の名称を共に書く場合）がある（手77条③・31条，小26条）[注11]。

保証によって，保証人は，保証債務の従属性のために，主たる債務者と同一の責任を負い（手77条③・32条①，小27条①），かつ，主たる債務者と合同して責任を負う（手77条①4号・47条，小43条）。保証人は，その債務を履行したとき，被保証人及びその証券上の債務者に対し，手形・小切手上の権利を取得する（手77条③・32条③，小27条③）。

(3) 支払保証　「支払保証」（Bestätigung, certification）（小切手の支払を確約する行為）は，小切手に認められる（実際に利用されることは少ない）（小53条）[注12]。

§6. 決済

1. 支払

(1) **意義**　「支払」とは，支払をなす者（約束手形の振出人・為替手形の引受人・小切手の支払人又は支払担当者）が，手形金の支払をなすことをいう。この**債務**（取立債務）の取立のために，通常の訴訟の外に，特別な訴訟手続（手形訴訟）を定める（民訴350条～367条）（注13）。これによって，迅速な支払を受けることができる。

(2) **支払呈示**　所持人（呈示者）は，支払を受けるために，支払をなす者（被呈示者）に対し，手形・小切手を呈示＝「支払呈示」(Vorlegung zur Zahlung) し，支払を請求する（手形・小切手の債務は，取立債務のためである）（商法516条②）。時期は，手形では，支払をなすべき日（満期日　これが休日ならば次の取引日）又はこれに次ぐ2取引日内であるが（手77条①3号・38条①），一覧払では，振出日付から1年以内であり（手77条①1号・34条），また，国内で振出・支払のなされる小切手では，振出日から10日間（小29条①）である。場所は，支払場所の記載がない限り，支払地内における被呈示者の営業所又は住所であり（商516条②），銀行を当事者にするとき，その加入する手形交換所（一定地域内の銀行が，手形交換の目的をもって組織した団体，または，その団体が手形交換をするために施設した場所）に呈示できる（これによって，手形の集団的な決済がなされる）（手77条①3号・38条②）。

(3) **支払時期・方法**　手形の所持人は，満期前には，支払を請求できないし，かつ，受領を拒むこともできるのに対し，満期後には，支払を請求し，かつ，受領も要求される（手77条・40条）。小切手の所持人は，直ちに支払を請求できる（小切手は，一覧払に限られるためである）（小28条）。

支払は，支払をなす者が，手形・小切手の所持人に対して，金銭の

交付を原則とする。支払をなす者の選択に従って，各種の通貨で支払うことができる（民法402条①）。所持人は，一部支払を拒むことができない（例えば，100万円の手形の所持人Cに対し，振出人Aが70万円のみの支払をした。Cは，不足の30万円を裏書人Bに遡求できる）（手77条①3号・39条②，小34条②）。支払をなす者は，支払の際，所持人に対し，手形・小切手に受取を証する記載をして交付することを請求できる（手77条①3号・39条①・小34条①）。

(4) **支払調査・免責** 支払をなす者は，形式的な調査をなす義務（手形・小切手要件の具備，裏書の連続，署名の真正）を負うにすぎない（手77条①3号・40条③・小35条）。したがって，実質的な調査をする義務（裏書人の署名の真正，所持人の実質的な権利，呈示者の同一性）を負わない。

この調査義務を果たしたとき，支払をなした者は，悪意（詐欺の意味である。所持人が実質的な権利者でないこと，同一人でないことを知るだけではなく，これを容易に立証できないのに支払った場合）・重大な過失のない限り，免責を受ける（手77条①3号・40条3号，小35条）。

(5) **線引小切手** 「線引小切手」(gekreuzter scheck, chèque barré, crossed cheque)（表面に二条の平行線を引いた小切手）は，支払人の支払先を制限し，盗難・紛失等による無権利者への支払を回避するためであり，一般線引（平行線内に何も記載のないもの，又は，銀行と記載されているもの）と特定線引（平行線内に特定の銀行名の記載されているもの）がある（小37条②③）(注14)。

支払人は，一般線引の場合，銀行又は支払人の取引先に対してのみ支払うことができるのに対し，特定線引の場合，被指定銀行（被指定銀行が支払人の場合，自己の取引先）に対してのみ支払うことができる（小38条①②）。銀行は，自己の取引先又は他の銀行からでなければ，線引小切手を取得し，または，その取立委任を受けてはならない（小38条③）。制限に違反して線引小切手を取得し又は支払った銀行は，これにより生じた損害について，小切手金額を限度とする賠償責任を負う（小38条①）。

2．遡求

(1) **意義**　「遡求（償還請求）」(Rückgriff, recours, recouse) とは，満期又は適当な時期に支払のないとき（不渡），所持人（権利者）は，自己の前者（義務者）に対し，代償的な支払を請求できることをいう(注15)。

(2) **要件**　遡求は，満期に支払呈示をしたが，支払が拒絶されたこと（手77条①4号・43条，小39条），また，支払拒絶証書(Protest, protêt, protest)（手形・小切手上の権利の行使又は保全に必要な行為＝支払呈示をしたこと及びその結果を証明する要式の公正証書）の作成を必要とする（手77条①4号・44条①，小39条）。ただし，拒絶証書の作成を免除できる（例えば，拒絶証書不要・無費用償還等）（手77条①4号・46条①，小42条）。

(3) **手続**　権利者（最後の所持人）は，義務者（裏書人・保証人等）に対し，予め，遡求の通知をする必要がある。通知をしなくとも，遡求権を失わない（手77条①4号・45条，小41条）。権利者は，義務者の何人にも，また，直接の前者でなく，離れた前者（間接の前者）にも跳躍的に請求できる（手77条①4号・47条②④，小43条②④）。手形・小切手金額及び利息の記載があれば，その利息・満期以後の利息（年6分の率）・諸費用（例えば，拒絶証書・通知等の費用）を遡求できる（手77条①4号・48条，小44条）。義務者は，遡求金額と引換に，その手形・小切手だけではなく，拒絶証書と遡求金額の計算書の交付を請求できる（手77条①4号・50条①，小46条①）。

(4) **再遡及・参加支払**　遡求義務を履行した者は，自己の前者に対し，再遡求できるし（手77条①4号・47条③，小43条③），また，満期の前後を問わず，遡及を避けるために，第三者が義務者に代わって参加支払ができる（手77条①5号・59号）。

3．時効と利得償還請求

(1) **時効**　手形・小切手の権利は，消滅時効によって消滅する。民

法の規定の適用を前提として，時効期間の短縮（手77条①8号・70条，小51条）及び時効の中断（手77条①8号，小52条）を定める(注16)。

(2) **利得償還請求** 手形・小切手上の権利が時効，または，請求権保全手続の懈怠によって消滅したとき，所持人（権利者）は，振出人・引受人・支払保証した支払人又は裏書人（義務者）に対し，その受けた利得の償還を請求できる（手85条，小72条）。これを「利得償還請求権」(Bereicherungsans-pruch) という。

§7．おわりに

本稿は，有価証券法という法領域を前提とし，有価証券の観念を明らかにし，また，代表的な有価証券である手形・小切手の発行・流通・決済について，それぞれの相違を考慮しながら考察したものである。

しかし，有価証券という観念のみならず，これに対する法規制及びその目的について，また，手形・小切手以外の有価証券についても考察すべきであることはいうまでもない。今後の課題である。

注

(注1) 田中誠二「新版手形法・小切手法（三全訂版）」（昭和58年発行　千倉書房）26頁以下。同「新版商行為法（再全訂版）」（昭和56年発行　千倉書房）104頁以下参照。この定義が，わが国の多数説である。これに対して，有価証券について，「財産権を表彰する証券で，その権利の移転に証券の引渡を要するもの」，また，「権利の移転および行使に証券を要するもの」という見解がみられる。
(注2) 田中「商行為法」111～116頁参照。
(注3) 田中「商行為法」108～109頁参照。
(注4) 手形の意義及び機能については，田中「手形法・小切手法」25～37頁参照，小切手の意義及び機能については，同447～452頁参照。

(注5) 約束手形の振出については、田中「手形法・小切手法」183～239頁参照。為替手形の振出については、同396～411頁参照。小切手の振出については、463～472頁参照。
(注6) 手形行為の法的性質について、契約とみるか、あるいは、単独行為とみるか、のいわゆる手形理論として学説の論議するところである。従来、手形行為を統一的にとらえていたが、現在、手形行為の種類に応じてそれぞれ法律構成を考えるようになった。田中「手形法・小切手法」40～107頁参照。
(注7) 有価証券の譲渡方法として、田中「商行為法」123～127頁参照。
(注8) 約束手形の譲渡方法としての裏書については、田中「手形法・小切手法」262～319頁参照。為替手形については、同411～12頁参照。小切手の譲渡については、記名式（指図式）と持参人払式（選択無記名式・無記名式）に分けると、前者は、裏書によって譲渡できるのに対し（小14条～24条）、後者は、引渡だけで譲渡できる。同473～477頁参照。
(注9) 善意取得及び抗弁の制限は、田中「手形法・小切手法」114～136頁で手形について、また、同475頁で小切手にも適用になると解説する。
(注10) 田中「手形法，小切手法」412～431頁参照。
(注11) 約束手形の保証について、田中「手形法・小切手法」381～390頁参照。為替手形について、同439頁参照。小切手について、478頁参照。
(注12) 田中「手形法・小切手法」478～482頁参照。
(注13) 約束手形について、田中「手形法・小切手法」319～354頁参照。為替手形について、同431～432頁参照。小切手について、同483～496頁参照。
(注14) 田中「手形法・小切手法」496～504頁参照。
(注15) 約束手形について、田中「手形法・小切手法」354～381頁参照。為替手形について、同432～438頁参照。小切手について、同504～507頁参照。
(注16) 手形について、田中「手形法・小切手法」140～158頁参照。小切手について、同509～514頁参照。

【4】知的財産

§1. はじめに

　優秀な発明品，便利な実用品，趣味の良い商品，有名なマーク（ブランド）を付した商品やサービス，心豊かにする芸術品（絵画・小説・映画・レコード等）は，日常生活に溢れている。これらは，製品や商品といった物（有体物）であると共に，創作や標識といった，「知的産物」，いわゆる，創造である。したがって，物に対する所有権と知的産物に対する権利が並存し，それぞれ別個の法体系に属する。
　知的産物は，社会・経済生活において，競業の手段として機能すると，超過収益を生み出し，財産的な価値を帯有する。その結果，「無体財産」(immaterialgüter) として，取引（譲渡・許諾等）の対象となり，または，不正競争（模倣・盗用等）の対象となる。そこで，わが国の法制は，無体財産に対し，「独占権」(droirt privative) と「禁止権」(sanction de devoir) による保護を与える。これらの権利を「無体財産権」(Immaterialgüterrecht)，また，これらを保護する法規を「無体財産法」という。
　本来，知的産物は，様々な態様を示し，しかも，絶えず生成・発展する。最近，経済発展に伴って，新しい知的産物が誕生したので，わが国の法制は，これらを保護するための対応に迫られている。新しい知的財産と法的保護の媒介装置として，従来の「無体財産」・「無体財産権」の観念に代わり，最近，「知的財産」・「知的財産権・知的所有

権」(intellectual property), 略称して「知財」という新しい観念が登場した。これは, 経済社会のみならず, 巷間にも浸透し, いわゆる,「知財現象」を呈し, 2003年の「知的財産基本法」に基づいて,「技術立国」から「知財立国」へとわが国是も変動する。

　この事情を背景とし, 特許権・商標権等の独占権において, 一方で, 創作者や営業者（従って, 権利者）の利益のために, 新しい知的産物を保護し, 他方で, 創作者や営業者の利益を強調する余り, これによって影響を受ける公衆（競業者・消費者等）の利益を軽視するに至る。そこで, 創作者や営業者の利益と公衆の利益を調整する必要を生ずる。

　本来,「独占権」(monopoly) と「自由競争」(free competition) とは衝突・対立の関係にあり, これらの利益を調整するのは, 知的財産を保護する法制, 従って,「知的財産法」である。これは, 時代や国家によって, その在り方を異にする。わが国の法制は, 一方で, 創作者や営業者の利益を保護するために,「独占権」を認め, 他方で, 公衆の利益を図るために, その効力を制約（内容的・時間的・地域的な範囲）しかつ義務（実施・使用の義務）を課する。ところが, 最近, 独占権について, 創作者や営業者と公衆との利益の対立が顕在化したので,「効力の拡大」, あるいは,「効力の縮減」をする法解釈をもって, これらの利益調整の適正化を図る。これは, いわゆる,「権利の流動化」という。

　これは, 特許権・商標権等の独占権の本質を総合的に再検討すべき時期の到来を意味する。これらの独占権は, 創作者や営業者, 従って, 権利者の「固有の権利」である, という既成の観念そのものを俎上にあげる。これらの独占権に対する固定的な思考を反省した上で, これらの権利を形式と実質に分析し, 形式的には, 権利者に帰属するけれども, 実質的には, 公衆に帰属する, という弾力的な思考を試みたい。

　本稿は, 知的財産の保護は創作者や営業者の利益と公衆の利益を適

正に調整すべきである，という本源的な観点から，知的財産の保護について，わが国の法制の歴史を発展的に辿り，また，保護の現状及び本質を明らかにし，いくつかの現在する問題点を指摘した後に，時代に即応し，知的財産を保護する独占権の本質を再検討し，新しい試みを提示する[注1]。

§2. 法の歴史

いずれの時代や社会でも，何らかの知的財産の存在を認識できる。これに対し，知的財産を一般的に保護する法制の確立は，近代社会の誕生からである。わが国の法制は，明治に至り，欧米の法制を継受し，知的産物の保護を始めたので，わずか100年余りの歴史を有するにすぎない。しかし，この短い間にも，産業経済の発展に伴って，様々な問題が集約的に発生し，法規の制定及び改廃があり，いろいろな法理論的な変遷を重ねている。そこで，わが国の法制の歴史を考察する価値がある。

ところが，わが国の法制を考察するにあたり，従来，知的財産の態様に応じて，それぞれ別個の歴史を語り，しかも，法令の制定及び改廃に基づいて，立法の動向をみる傾向にあった。しかし，このような考察は余り理論的ではない。それは，知的財産を理論的かつ統一的に探求し，また，法規に限らず，判審決及び学説，法思想等をも考慮する必要を有するからである。したがって，知的財産の全体に渡って，総合的に歴史を語り，しかも，法理論の変遷に基づいて，立法の動向のみならず，判審決や学説の動向をみるべきである。

そうすると，このような考察に基づいて，「創始期」・「形式期」・「実質期」・「現代期」に区分して歴史的な発展を眺め，しかも，創作

者や営業者の利益と公衆との利益がどのように調整されて来たか，という経緯を明らかにする(注2)。

1．創成期

創成期は，わが国で，理論的かつ実際的に，知的産物の法的な保護が要請され，それに伴って，欧米の法制を導入する準備をした時期を意味する。「営業自由」の原理の導入から始まり，明治17年の「商標条例」及び同21年の「特許条例」の制定により終わる。

(1) **模倣の自由** わが国の法制は，近代（明治維新）に至り，「営業自由」の原理（いわゆる，乱株の原理）を承認する。これは，産業経済の発展をもたらし，新しい技術の開発や営業取引を促進した。しかし，それに伴って，知的産物の不正利用（例えば，発明や商標の模倣・盗用等）といった弊害を生み出した。これを放置すると，発明者や営業者の私的な利益を害するのみならず，国家産業の発展（特に，通商貿易の発展）にとっても障碍（特に，対外信用の失墜）となることが認識された。

(2) **保護の要請** そこで，不正利用から知的産物を法的に保護すべき要請が起こる。しかし，当時，行政庁や裁判所に期待することはできなかった。それは，民法典の制定もなく，慣習法の発展もなかったので，仏法や英米法のように，不法行為に基づいて，不正競争訴訟を展開させることができないからである。そうすると，独法に倣って，特別法の制定という解決を必要とする。

2．形式期

形式期は，公共政策（産業の育成・文化の発達）の観点から，欧米の法制を導入し，わが国の法制の基盤を形式的に確立した時期を意味する。明治17年の「商標条例」及び同21年の「特許条例」の制定から始まり，

同32年の「商標法」及び「特許法」の制定と同42年の改正を経て，大正10年の改正により終わる。

(1) **法の制定**　一つは，「産業の育成政策」(殖産興業・富国強兵)という観点から，特許権・実用新案権・意匠権・商標権を個別的に設定する法制度がそれぞれ確立される。明治32年の「特許法」・「意匠法」・「商標法」の制定及び同38年の「実用新案法」の制定である。これらの権利は，「工業所有権」と総称され，特許局の管理を受ける。

他は，「文化の発展政策」(学芸・美術の発達，良書秀作等の奨励)という観点から，著作権の成立を認める法制度が確立される。明治32年の「著作権法」の制定である。

(2) **権利の法**　これらの法制は，一方，中世的な特権や義務ではなく，近代的な意味の権利であり，権利の法制というべきであるが，他方，国家の産業文化政策に立脚した立法であり，創作者や営業者の利益よりも，公益を優位に解する。この意味で，公共政策からの制約を色濃く受ける権利である。

(3) **形式的保護**　そうすると，これらの権利を国家の公共政策の手段として位置づけ，また，そこから，形式的かつ論理的に，これらの法制を解釈し運用する傾向になった。これらの権利の対象とならない限り，何らの保護も与えられない。例えば，発明者や営業者は，特許・登録の前に，発明や商標を実施・使用する権利を有しない[注3]。

3．実質期

実質期は，わが国において，欧米の法制を基盤とする法制をわが国の実情と調整を図り，知的財産の保護を実質的に確立した時期を意味する。明治31年，「民法典」の施行頃から始まり，大正9年の「不正競争防止法」，大正10年の「特許法」及び「商標法」の改正の頃を最

盛期とし，昭和34年の「特許法」及び「商標法」の改正により終わる。

(1) **民法の影響** わが国の法制は，知的財産の保護について，民法や商法といった一般法，また，不正競争防止法との関係をめぐり，理論的な整合性を必要とするに至る。民法は，所有権の対象を物 (有体物) に限り，知的財産を除外するけれども (民法206条・85条)，不法行為による保護を可能にする (民法709条)。しかし，これは，保護の方法としては不十分である。それは，権利の侵害を要件とし，かつ，その救済を損害賠償請求権に限るからである (民法709条)。もっとも，特定の権利の侵害から違法性へと解釈も変わり (違法正論)，しかも，昭和9年の「不正競争防止法」の制定へと結実する。また，商法は，商号の保護，従って商号権を定め (商法16条以下)，しかも，不正競争防止法は，不正競争の禁止の結果として，いろいろな営業標識の保護を定める。

(2) **私的財産論** その結果，工業所有権及び著作権の本質を究明する必要が起こり，欧米の理論をそのまま導入したので，わが国でも，いろいろな論議がなされている。かつて，「精神的所有権説」・「人格権説」という伝統的な私権とみる見解もあったが，その後，無体財産 (知的財産) に対する全く新しい権利とみる「無体財産権説」が支配的となり，今日に至る。また，知的財産の保護は，特許権・実用新案権・意匠権・商標権及び著作権に限らず，商法による商号権，また，不正競争防止法による営業標識の保護にも及び，これらを無体財産権として総称するに至った。

(3) **実質的保護** これらの権利の根底には，「自然法理論」に基づいて，創作者や営業者が先天的又は先験的な権利を有するとみる「私的財産論」がある。そうすると，知的財産の保護を純粋な私的財産権として構築し，これに基づいて，実質的かつ弾力的に，法規を解釈し運用する傾向となった。これらの権利の対象とならなくとも，可能な

保護を与える。例えば，発明者や営業者は，発明や商標を実施・使用する権利を有し，特許・登録はこれを確認するだけである(注4)。

4．現代期

現代期は，社会変革に伴って，新しい事悪が発生し，知的産物の保護に限界が意識されたので，わが国の法制もこれに適応すべき時期を意味する。昭和25年の不正競争防止法の改正から始まり，昭和34年の特許法等の工業所有権法及び昭和45年の著作権法の改正を経て，現在に至っている。

（1）**独占の限界**　第二次大戦後の社会経済の著しい発展を背景とし，「競争の自由」及び「消費者の保護」を求める思想が高揚し，昭和22年，いわゆる「独占禁止法」(私的政占の禁止及び公正取引の確保に関する法津)の制定として結実する。これに伴って，不正競争防止法も，昭和25年の改正により，「営業者保護法」(事業者間の利益を調整する法)から「市場関係法」(個々の営業者のみならず，営業者の全体及び公衆を含めた利益を調整する法)へと進化し，また，昭和34年の特許法等の工業所有権法及び昭和45年の著作権法の改正によって，「産業の発達」及び「文化の発達」を法目的として明示し，公益的な性格を強めた。その結果，特許権等の工業所有権の効力を制約するための理論構成，例えば，「権利濫用論」・「権利消耗論」等が深化する。

（2）**対象の拡大**　これに対し，最近，急速な技術革新及び経済のソフト・サービス化，いわゆる「新産業革命」の進展に伴って，新しい知的財産が出現し，これらの保護の要請が高まり，特別法の制定又は改正が行わていれる。細胞・微生物・植物といった「成長する物体」の発明について，昭和53年(1985)，「種苗法」の制定により，植物の新品種を保護する。また，電子機器に係わる知的産物について，昭和60

年 (1985),「半導体集積回路の配置に関する法律」の制定により,「半導体集積回路の配置」を保護し,また,著作権法の改正により,「コンピュータプログラム」・「データベース」を著作物として保護する。更に,平成2年の不正競争防止法の改正により,「営業秘密」及び「商品の形態」を保護する。このような事情を背景とし,新しい知的産物を法的保護するための媒介装置として,「知的財産権」という観念が欧米より導入され,かなり巷にも浸透し,いわゆる「知財現象」が出現し,わが国の国是も,「技術立国」から「知財立国」へと変動するに至る。

§3. 法の現状

知的財産の保護について,比較法的にみると,二つの法制に大別される。一つは,民法や慣習法に基づいて,不法行為,特に,不正競争訴訟による方法である。他は,特別法に基づいて,知的財産を個別的に独占権の対象とし,これに適応した規律（例えば,登録・登記）をする方法である[注5]。現実の法制は,いずれかの方法を主とし,これを他の方法で補充する。

わが国の法制は,知的財産について,現在,いかなる法的な保護をなし,また,いかなる本質を与えるのか,という検討をし,創作者や営業者と公衆の利益調整を明らかにした後に,そこから生ずるいくつかの問題に言及する。

1. 知的財産法

「知的財産法」は,知的財産を不正競争から保護するための法領域をいう。わが法制では,知的財産法という一つの法律はなく,多数の

【4】知的財産　77

法規がこれに属する。これらの法規は、知的財産の態様に応じて、個々別々であり、しかも、それぞれ、特別の必要を受けて制定される。そこで、これらの法規を統一した法原理に基づいて、知的財産法という法領域を確立する必要がある。そのために、これらの法規における保護の対象・方法・目的を明らかにする。

　(1) **規制の対象**　この法の対象となるのは、「知的財産」である。これは、知的産物(人間の精神活動による創造)であって、財産的な価値を有するものを意味する。それは、産業社会において、競業の手段として機能し、超過収益を生み出すからである。知的財産は、大別すると、「創作」(creation)と「標識」(mark)である[注6]。

　先ず、創作とは、新しく創出したものをいう。「発明」(invention)と「実用新案」(utility model)は、いずれも、考案(技術的思想の創作)である。しかし、前者は、高度の考案(特許2条①)、いわゆる、大発明であるのに対し、後者は、物品に係る考案、いわゆる、小発明である(実用2条①)。また、「意匠」(design)と「著作物」(works)は、いずれも、創作である。しかし、前者は、物品の外観に係る審美的な創作であるのに対し(意匠2条①)、後者は、思想・感情の創作的な表現である(著作2条)。更に、半導体集積回路(IC)における回路配置(レイアウト)(半導2条②)と植物新品種(農林水産物の新品種)(種苗1条ノ2)もある。

　次に、標識とは、識別力を通して、営業上の信用(Goodwill)を化体して価値を生ずるものをいう。「商標」(trade mark)は、商品・役務に使用する標章であり(商標2条①)、商品商標(goods mark)と役務商標(service mark)に区分される。また、「商号」(trade name)は、商人の営業上の名称である(商法11条・会社6条)。更に、「商品等表示」(不競2条①1号括弧書)や「商品役務の取引表示」(不競2条①10号)もある。

　最後に、これらの創作や標識の中間に属するのは、「商品の形態」

(configuration of goods) と「営業秘密」(trade secret) である。前者は，商品の外観（形状・模様・図柄・色彩・質量感・光沢等）である（不競2条①3号）。後者は，事業活動（生産方法・販売方法等）に係る技術上又は営業上の情報であり，技術情報と営業情報に区分される（不競2条④）。

(2) 規制の方法　知的財産を保護する方法は，「独占権」と「禁止権」に大別される。これらの権利を総称して「知的財産権」という[注7]。

先ず，独占権による保護であり，創作によって発生する権利（著作権）と登録や登記によって発生する権利（その他の権利）に区分される。

発明・実用新案・意匠・商標は，特許庁における出願・審査の手続を経て登録を受けた後，「特許権」(patentright)・「実用新案権」(utility model right)・「意匠権」(design right)・「商標権」(trademark right) として保護される。これらの権利は，狭義の「産業財産権」・（工業所有権）(industrial prop-erty) といい，業として，特許発明・登録実用新案・登録意匠及びこれに類似した意匠を実施する専有権（特許68条・実用16条・意匠23条），または，登録商標を指定商品・役務に使用する専有権である（商標25条）。

商号は，登記所における申請・審査の手続を経て登記を受けた後，「商号権」として保護される。この権利は，登記商号を独占排他的に使用する権利である（商法12条・8条，会社法8条・49条）。また，回路配置・植物新品種も，登録の後，「回路配置権」という専有権，「植物新品種権」という独占権として保護される（回路11条，種苗12条の5①）。

これに対し，著作物は，創作によって，「著作人格権」(moral right of author) 及び「著作権」(copyright) として保護される（著作17条①）。前者は，人格的な利益を独占する権利であり（著作18条・19条・20条），後者は，その複製等の利用を独占する権利である（著作21条〜28条）。著作物の実演について，実演家・レコード製作者・放送業者の「著作隣接権」として保護される（著作89条⑤）。

そうすると，これらの権利は，それぞれの対象を独占排他的に利用する効力（積極的効力）を有し，その帰結として，これを第三者に禁止する効力（消極的効力）を有する。したがって，第三者がこれらの対象を違法に利用すると，権利の侵害となり，侵害者に対し，差止請求権・損害賠償請求権等の民事的な制裁の外に，刑事的な制裁を加えることができる。しかし，これらの権利は，それぞれの対象の特質及び権利の公共性を有するために，その効力について，内容的・時間的・地域的な制約を受けるし，また，実施・使用等の義務を課される[注8]。

　次に，禁止権による保護である。不正競争防止法は，営業標識・商品の形態・営業秘密を不正に利用することを「不正競争行為」として禁止する。この義務に違反すると，不正競争行為者に対し，差止請求権・損害賠償請求権等の民事的な制裁の外に，刑事的な制裁を加えることができる（不競3・6条，13条）。

　(3) **規制の目的**　知的財産を保護する法目的である[注9]。これは，知的財産の「存在理由」（raison d'être）をいい，知的財産の態様に応じて異なる。大別すると，産業財産権と著作権である。

　先ず，産業財産権を保護する目的である。この究極的な目的は，「産業の発達」にあり，これを実現する直接的な目的については，創作と標識に応じて異なる。

　創作の保護理由として，従来，「創作者の権利の保護」（自然権説），「創作者に対する報酬」（報酬説），「創作活動に対する刺激」（刺激説），「社会に対する公開の効用」（公開説）があげられる。これらのうち，前二つは，「私的財産論」を意味し，創作者の私的利益（私益）の保護を目的とし，後二つは，「公共政策論」を意味し，国家の産業の発達（公益）を目的とする。わが国の法制は，発明・実用新案・意匠の保護を通して，それらを奨励し，かつ，その公開の代償として，産業の発展に寄

与する(特許1条・実用1条・意匠1条)。これは，私益よりも，公益を優位に置くものである(注10)。

　標識の保護理由として，従来，「営業者の業務上の信用の維持」，「不正競争の防止」，「公正な競業秩序の維持」，「需要者の利益の保護」があげられる。これらのうち，前の二つは，「私的財産論」を意味し，私益の保護を目的とし，後の二つは，「公共政策論」を意味し，公益を目的とする。わが国の法制は，標識の保護を通して，不正競争を防止し，営業者の利益を保護し，かつ，競業秩序を維持し，需要者の利益をも保護する(商標1条・不義1条)(注11)。

　次に，著作権を保護する目的である。この究極的な目的は，「文化の発展」にある。これを実現する直接的な目的について，わが法制は，著作物・実演の保護を通して，不正な模倣を禁止し，著作者の利益を保護し，かつ，著作物を奨励する(著作1条)。これは，著作者の個人的な利益を基本にしながらも，利用者の利益との調整を図る。

2．知的財産権の本質

　知的財産権は，独占権又は禁止権をもって，従って，排他的に，知的財産を保護し，また，「産業財産権」と「著作権」に大別される。この権利の本質について，内外の学説は，従来，いろいろな論議を重ねて来た。そこで，独占権と禁止権を区別し，従来の学説の論議を整理した後に，一応の結論を試みたい(注12)。

　(1) **独占権の論議**　独占権の本質に関する論議の対立がみられた。

　一つは，かって，所有権・人格権といった伝統的な権利の観念に基づいたものであり，「人格権説」と「精神的所有権説」があった。前説は，知的産物の発生を主観的に観察し，それを創作者の人格の延長とみて，「人格権」(persönlichkeitsrecht)と解する。しかし，これは，創作

者の人格から離脱した財産として取引される実情に合わない，という批判を受ける。後説は，知的産物の客観的な存在を認め，その支配関係を所有権に準拠して，「精神的所有権」(propriété intellectuell) と解する。しかし，これは，権利の客体が無体物であることに伴う相違を抹殺することになる，という批判を受ける。

　他は，新しい権利の観念に基づいたものであり，「無体財産権説」と「精神財競業権説」が登場し，前説が支配的となっている。前説は，知的産物が無体財産として社会に現存することを認め，それに対する権利を全く新しい特殊な権利とみて，「無体財産権」(immaterialgüterrecht) と解する。しかし，権利の客体を明らかにすることになったが，その支配の性質を軽視している，という批判を受けている。後説は，知的産物は，人格的な要素を核心とし，創作の段階では，人格権の保護を受け，それが競業の世界 (Welt des gewerblichen Wettbewerbs) に入ると，無体財産として，財産権の保護を受ける，と解する。これは，知的産物の人格的要素と財産的要素を競業的要素をもって統一することになったが，競業的要素は，保護のために必要であっても，本質論的には不要であり，しかも，人格的要素を強調しすぎる，という批判を受ける。

　(2) **禁止権の論議**　禁止権の本質に関する論議の対立，従って，不正競争防止法の保護法益論がみられた。

　一つは，独占権の構成をとる見解であり，「人格権説」と「企業権説」がある。前説は，営業活動について人格権を認め，これに対する不正競争を人格権の侵害と解する。後説は，企業を法的に一体として把握し，その上に企業権を認め，不正競争は，この権利を侵害すると解する。しかし，これらは，独占権を認めると，不当に営業の自由を制限することになる，という批判を受ける。

　他は，法の保護に値するような事実上の関係・利益の構成をとる見

解であり,「得意先又は顧客」の概念がある。「顧客獲得可能性」という不確定な利益とみて,禁止権の根拠を侵害行為又は侵害された状態の違法性に求める。

これらの見解は,競争者の権利又は利益の保護を内容とするので,現在の不正競争防止法の考え方からみると,不十分である,という批判を受ける。それは,不正競争防止法は,「営業者保護法」から「市場関係法」へと変化しているからである。

(3) **知的財産権の本質** わが国の現行法制において,知的財産権の本質を明らかにするためには,保護の対象・方法・目的という観点から接近するのが適当である。

先ず,知的財産権は,知的財産を対象とする特殊な権利である。知的財産は,財産的な価値を有するけれども,有体財産(例えば,不動産・動産)とは異なり,無形財産に属する。しかし,これは,知的な産物であるから,それ以外の無形財産(例えば,電気・光・熱等のエネルギー及び諸種の権利)とも異なる。この意味で,知的財産権は,人格権ではなく,財産権に属し,また,所有権とも異なり,全く新しい特殊な権利である。

次に,知的財産権は,知的財産に対する独占権又は禁止権であり,いずれにしても,排他権である。独占権は,知的財産を独占排他的に利用する権利であり,しかも,その侵害に対する差止請求権を認められる。また,禁止権は,不正競争行為の禁止義務の違反に対する制裁として,差止請求権を認められる。この意味で,知的財産権は,所有権に類似する効力を有する。

最後に,知的財産権は,公共的な制約を受ける私権である。この権利は,一方で,権利者の私的な利益の追求を認められるので,私権であり,他方で,産業や文化の発達を目的とするので,個人的な利益に限らず,公共の利益をも考慮する必要がある。この意味で,知的財産

権は，公共的な制約を受ける。この権利は，所有権とは異なり，その存続は有限であり，かつ，その行使にあたり大きな制限を受け，実施・使用の義務を課される。

3．保護の問題

知的財産に関する独占権について，発明者や営業者の利益と公衆の利益との対立が顕在化し，これらの利益の調整が困難となり，現在，いろいろな問題が生じている。これは，いわゆる「権利の流動化」の問題である。

(1) **保護の拡張** 独占権という枠組を超えても，知的財産という実体が存在する限り，発明者や営業者の利益を保護するために，これに対応して，知的産物の保護を拡張する必要が生ずる。このような傾向は，いわゆる「保護の拡張」という(注13)。

新しい知的財産の出現である。知的財産は，絶えず生成・発展するので，有益なものが新しく生み出される。最近，産業技術の発展及び経済のソフト・サービス化，いわゆる，「新産業革命」に対応して，例えば，細胞・微生物・植物といった成長する物体の発明，半導体集積回路の配置，コンピュータ・プログラム，データベース，営業秘密，タイプフェイス，キャラクター等，新しい知的財産が出現し，これらの保護の要請が高まる。これに対して，特別法の制定や改正をなし，また，特許権・商標権等の独占権の対象である発明・商標等の観念を拡張して解釈する。

これに対し，独占権の侵害に対し，効力の範囲を実質的に解釈し，知的財産の価値に応じて，その保護を拡張する方向である。特許権の請求範囲について，例えば，特許発明と均等な技術を含めたり (均等論)，また，付加しあるいは欠如した部分も含める (不完全利用論)。

（2）**保護の縮減**　独占権という枠組の中であっても，知的財産の価値が存在する限り，公衆の利益を保護するために，これに対応して，独占権の効力を制約する必要が生ずる。このような傾向は，いわゆる「保護の縮減」である[注14]。

独占権の効力を制約するために，権利消耗と権利濫用の理論がある。特許権・商標権は，適法に販売された商品を取得した者の利用や販売に対する効力を消耗し，従って，特許権・商標権の侵害とはならない。これを，「権利の消耗」という[注15]。また，一方で，不実施・不使用の永続によって，権利の行使が認められなくなる，という「権利失効論」をいい，他方で，権利の行使そのものが権利の濫用となり，その行使を禁止されることをいう。前者は，権利に内在する問題であるのに対し，後者は，権利に外在する問題である。

これに対し，独占権の侵害に対して，効力の範囲を実質的に解釈し，知的財産の価値に応じて，その保護を縮減する方向である。特許権の請求範囲について，例えば，出願の経過を参酌して限定し，また，公知事実を参酌して除外する。

§4．法の理解

わが国の法制においても，特許権・商標権等の独占権は，創作者・営業者等の権利者とこれによって制約を受ける公衆との利益を調整するものである。そこで，この独占権の法的な構成について，権利者側と公衆側に分けて，それぞれの利益を比較・検討したうえで，総合的に考察を施し，新しい独占権に対する考え方を提示してみたい。

1．権利者の視点

　権利者の観点からみると，特許権・商標権等の独占権は，いかなる内容や性格を有するのかを明らかにする。

　発明者や営業者は，特許・登録の有無を問わず，発明や商標の実施・使用（以下，利用とする）をする権利，つまり，「利用権」を有する。これによって，経済的な利益を享受することができる。すなわち，発明者や営業者は，発明を具体化した製品を販売し，あるいは，商標を付した商品・サービスを販売・提供して，あるいは，発明や商標の利用を第三者に許諾し，その対価を取得する。

　ところが，第三者が，同じ発明や商標を創作・選定して利用し，あるいは，不正に発明や商標を利用するとき，このような利益の享受は不確実となる。発明者や営業者は，発明のために努力と出費をなし，あるいは，営業上の信用（Goodwill）を商標に化体したにもかかわらず，競争上不利な地位となり，経済的な損失を受けるからである。

　そこで，わが国の法制は，発明者や営業者による利益の享受を確実にするために，特許・登録の後に，発明や商標の利用を他人に禁止する権利，つまり，「禁止権」を与えている。そうすると，発明者や営業者の地位は，一面で，「利用権」という実質的な権利であり，他面で，「禁止権」という形式的な権利である。この意味で，特許権・商標権等の独占権は，利用権を確保するための禁止権であり，発明者や営業者の，いわゆる，資格・地位である。

2．公衆の視点

　公衆の観点からみると，特許権・商標権等の独占権は，いかなる内容や性格を有するのかを明らかにする。

　公衆は，「公衆の領域」（public domain）に属する技術や標識に基づい

て，発明や商標を自由に利用し，他人と競争することができる。発明者や営業者は，それぞれ，「利用権」を有するので，独占権のような制約を受けることはない。この意味で，発明者や営業者と公衆の利益は適正に調整される。これに対し，発明者や営業者は，「禁止権」，従って，独占権を有するので，公衆は，自由競争を制約され，競争の利益を犠牲にする。これは，発明者や営業者の利益となり，公衆には不利益となるので，両者の利益を適正に調整するものではない。

　それでは，独占権を認めて，公衆の利用を禁止する理由を明らかにする必要がある。これは，必ずしも，明らかではない。一般的には，公共政策の観点から根拠づける外ない。より正確には，独占権は，発明や商標の利用を交換条件として付与されると解する。そうすると，発明や商標の利用によって，発明者や営業者は利益を享受し，かつ，公衆は，福利を受ける，という両者の妥協を基礎として成立する。そうすると，発明者や営業者と公衆の利益は適正に調整されることになる。この意味で，特許権・商標権等の独占権は，発明者や営業者と公衆の妥協であり，いわゆる，合意を要素とする。

3．統合的な視点

　発明者や営業者と公衆の観点を総合すると，特許権・商標権等の独占権は，それぞれ，いかなる内容や性格を有するのかを明らかにする。

　わが国の法制は，発明や商標の利用によって，発明者や営業者と公衆の利益を調整する，という妥協・合意を基礎として成立するので，発明者や営業者，従って，権利者に対して，これらの利用を義務づけいる。しかも，発明や商標の公開によって，公衆は，発明や商標の利用を制約されるので，この制約に対する妥協・同意を求める。この意味で，発明者や営業者と公衆の利益を調整するために，発明者や営業

者と公衆との間には，一つの契約が締結されると解する。

　また，発明者や営業者に限らず，公衆も，本来，発明や商標を利用する「利用権」を有する。しかも，発明者や営業者は，特許権の付与によって，公衆の実施を制約する「禁止権」を有する。そうすると，公衆は，利用権を留保し，かつ，発明者に禁止権を与える。この意味で，特許権は，公衆から，いわゆる，信託（委託・授託）を受けた発明者の権利と解すべきである。

　このような観点から，特許権・商標権にかかわる法律関係は明らかとなる。すなわち，公衆は，発明者に対し発明を実施しないという「不可侵義務」を負担する。この義務の違反があるとき，権利の侵害となる。このような義務の結果，発明者は，公衆に対し発明の実施を禁止する「禁止権」を有する。これに対し，発明者は，発明の実施により，公衆に福利を帰属させる実施義務を負担する。この義務の違反があるとき，公衆は，強制実施権の設定をもって対抗できる。

§5．おわりに

　知的財産権は，知的財産に対し，独占権又は禁止権をもって保護する。これを保護する法制は，創作者や営業者と公衆の利益を調整する。最近，特に，独占権について，保護の拡大と縮減の問題が起こり，この利益の対立が顕在化する。そこで，わが国法制の歴史と現状を明らかにした後，問題点を指摘し，独占権について，実質的には，公衆の権利であるのに対し，形式的には，権利者のものである，という理論構成をする。

注

（注1）「知的財産権」の語の登場は，現象的にみると，欧米諸国の展開する国際戦略の展開に起因しているが，理論的にみると，新しい知的財産に対する保護の要請の結果である。この根底には，「知的財産に対する当然の所有権」という考え方がある。これは，「私的財産論」，しかも，「精神的所有権説」を同根とするものである。ところが，私的財産論は，欧米，特に米国の論理であり，この論理の国際的な展開については，拙稿「パリ条約の背景」特許管理37巻4号（1987）421頁及び同「国際特許法における『私的財産』論」高千穂論叢昭和62年3号（1987）33頁において明らかにしている。また，精神的所有権説は，「無体財産権説」により，既に放逐されている。

そうすると，知的財産権という語は，精神的所有権の焼き直しにすぎないものであるのか，あるいは，新しい観念に基づく権利であるのか，という検討を経ずに，無批判的に使用すべきではない，と考える。本稿では，知的財産権という語を無体財産権と同義に使用し，単なる用語の問題であると解する。拙稿「知的所有権問題の解明」京浜文化35巻1号（1993）1頁及び拙著「無体財産権・知的所有権の知識」（創成社・1998年6月25日）は，このような観点から知的財産あるいは知的財産権を解する。

本稿は，知的財産の保護について，「独占と競争」を問題とする。「独占と競争」という意味では，古くて新しい問題である。それは，特許権・商標権等の独占権においては，創作者や営業者と公衆の利益の対立があり，この問題が絶えず付き纏うからである。したがって，本稿でこの問題を取上げるのは，現在の経済変動によって，知的財産に対する法制が，創作者や営業者と公衆との利益調整を適正に果たすことができなくなったことにある。また，「権利の再構成」という意味では，全く新しい問題である。すなわち，従来，知的財産権を保護する理由とその保護の本質を別々に論じていた。前者は，国家が法規をもって創作者や営業者の知的財産をなぜ保護するか，という問題であり，創作者や営業者と国家との関係である。後者は，第三者の不正競争から創作者や営業者をなぜ保護するか，という問題であり，創作者や営業者と第三者との関係である。しかしながら，創作者や営業者と国家と公衆の関係は総合的に論議すべき問題である。その結果，特許権・商標権等の独占権について，権利を形式と実質に分け，創作者や営業者と公衆との分有を提示した。

この「独占と競争」の論題は，「商標と競争」として，昭和60年（1985）5月の工

業所有権学会の個別報告で取り上げ，拙稿「商標と競争―商標権の再構成の試み―」工業所有権学会年報9号（1986）33頁以下及び拙著「工業所有権と差止請求権」（法学書院・昭和1986年11月）191頁以下にこれを記した。また，拙稿「特許と競争」高千穂論叢24巻1号（1989年6月発行）1頁及び拙著「特許権消耗の法理」（五絃舎・2002年8月5日）158頁以下で取りあげている。

（注2）豊崎光衛「工業所有権法・新版」有斐閣・1975年3月の「工業所有権法の沿革」17頁は，清瀬博士が，特許法について，特に，歴史的観察と比較法的研究を重視したが，これは，実用新案法・意匠法・商標法・不正競争防止法にも該当するとし，また，工業所有権法の沿革を総合的あるいは個別的に研究する必要があると指摘している。

　商標について，拙稿「商標と競争」34頁以下の「法の発達」において，また，特許について，拙稿「特許と競争」2頁以下の「法の発展」において，更に，知的財産一般について，拙稿「知的所有権の解明」2頁以下の「保護の発達」及び拙著「無体財産権・知的所有権の知識」9頁以下の「保護の展開」において，法理論的な観点に基づいて，歴史的な区分をなしている。これらの歴史区分の境界は，画一的なものではなく，実際には，この区分の交錯もみられる。

（注3）拙稿「特許前における発明者の法的地位」高千穂論叢33巻2号（1998年10月）12～3頁は，「発明者が国家に対して特許の付与を請求する権利」，いわゆる特許請求権という公権のみを認め，発明権という私権の存在を否定する見解（特許請求権説）は，制定法を根拠とするものであることを指摘する。

（注4）拙稿「特許前における発明者の法的地位」12～3頁は，「発明の支配を目的とする実体上の権利」，いわゆる「発明権」という私権を認める見解（発明権説）は，一般に，権利主義に立脚し，しかも，その根底に，自然法論があることを指摘している。

（注5）これは，豊崎光衛「工業所有権法（新版）」2～3頁において，無体財産を保護する方法としてとりあげられている。

（注6）清瀬・小島・盛岡編著「工業所有権法演習」（法学書院・1978年）及び拙著「工業所有権」（法津文化社・1981年9月）は，「工業所有権」を産業的創作や標識を広く保護するための権利と解して，それぞれの対象を解説する。また，拙稿「無体財産の対象」高千穂論叢27巻3号（1992年12月）及び拙著「無体財産権・知的所有権の知識」13頁以下は，独占権と禁止権に大別し，それぞれの対象を解説する。

　知的財産基本法によると，知的財産は，①発明，考案，植物の新品種，意匠，著

作物，その他の人間の創造活動により生み出されるもの（発見又は解明がされた自然の法則又は現象であって，産業上の利用可能性があるものを含む），②商標，商号その他事業活動に用いられる商品又は役務を表示するもの，③営業秘密，その他の事業活動に有用な技術又は営業上の情報である。

(注7) 拙稿「工業所有権と差止請求権」法律時報47巻4号（1975）41頁以下及び拙著「工業所有権と差止請求権」15頁以下は，独占権と禁止権に対応して，差止請求権の根拠を明らかにし，いろいろな問題を解決しょうとする。

　　　知的財産基本法によると，知的財産権は，①知的財産に関して法令により定められた権利，特許権，実用新案権，育成者権，意匠権，著作権，商標権，その他，②知的財産に関して法律上保護される利益に係る権利である。

(注8) 拙著「無体財産権・知的所有権の知識」72頁は，独占権としての知的財産権は，その効力について，「内容的な範囲」・「時間的な範囲」・「地域的な範囲」による制約を受けるとし，これらを順次説明する。

(注9) 拙稿「パリ条約の背景」421頁以下及び「国際特許法における私的財産論」33頁以下は，パリ条約の成立過程において，特許論争，即ち，「私的財産論」と「公共政策論」との対立があり，結局，米国の提案した私的財産論に基づいて，特許の保護を承認し，その保護を国際的に延長しよう，ということになったことを明らかにしている。

(注10) これは，拙稿「商標と競争」40頁及び拙著「工業所有権と差止請求権」200頁において述べられている。

(注11) これは，拙稿「知的所有権の解明」の「保護の本質」10頁以下でとりあげている。これらの本質論については，飯塚半衞「無体財産法論」（厳松堂1940）79頁以下，豊崎光衛「工業所有権法」100頁以下がある。

(注12) これは，特許権について，拙稿「特許と競争」11〜2頁及び拙著「特許権消耗の法理」177〜9頁，また，商標権について，拙稿「商標と競争」41〜2頁において取り上げている。

(注13) 独占権の対象とはならない知的財産の保護について，次のような問題を取り上げている。企業秘密について，拙稿「企業秘密の法的処理」杉林記念論文集（知的所有権論攷）（1985）所収及び同「企業秘密の商法的考察」高千穂論叢33巻3号（1999）がある。隷属的模倣について，1976年5月，日本工業所有権法学会のシンポジウムにおいて取り上げた「スレーヴィシュ・イミテーション」，また，拙稿「隷属的模倣の法的処理」田中記念論文集「現代商事法の重要問題」（1984）所収がある。

サービスマークについて，拙稿「『サービス標』保護の現状と展望」特許管理34巻11号（1984）及び同「サービス標の国際的保護」同36巻8号（1986）がある。請求範囲の解釈について，拙稿「実用新案の技術的範囲」金融商事判例493号（1976）がある。

(注14) 独占権の効力を制約する理論のうち，権利の消耗については，注15の資料がある。請求範囲について，拙稿「全部公知の考案にあたり，実用新案の侵害を否認すべきであるか」内田記念論文集「判例特許侵害法Ⅱ」(1996)所収がある。

(注15) 商標権の消耗と属地主義との関係について，拙稿「商標権の属地性と並行輸入」高千穂論叢昭和47年1号（1973）及び同「商標権の消耗と属地主義」高千穂論叢昭和62年2号（1987）があり，また，特許権の消耗について，拙稿「特許権消耗の原則」滝野記念論文集「国際工業所有権法」(1978)所収及び同「特許権消耗の法理」田中記念論文集「企業の社会的な役割と商事法」(1995)所収と拙著「特許権消耗の法理」がある。

【5】起業と運営

§1. 設題と解答

1. 設題

　自動車の製造及び販売に関する事業の起業から運営に至るまでの事例を想定し，いくつかの段階に分けて，それぞれ，次のような問題として取り上げてみる。
　(1) **技術開発の例**　八木（仮名）は，身体障害者を社会活動に参加させるために，いろいろと苦心を重ね，トイレ及び救急施設を内蔵したコンテナを積載した貨物自動車，いわゆる，「トイレカー」を開発し，実用化の段階にまで至った。
　ところが，八木は，一つの関門に直面した。トイレカーを製造して販売すると，これを必要とする多数の人達がいるので，かなりの利益を期待することができる。しかし，トイレカーを模倣して製造販売する者が登場したら，売り上げも落ち，経済的な損失を受けるかもしれないという不安を抱えている。
　そこで，八木は，地元の「小島特許事務所」（仮名）の小島弁理士（仮名）に相談したところ，トイレカーについて，実用新案権及び意匠権を取得し，また，これにネーミングを施して商標権を取得する，ということになった。弁理士小島は，八木の代理人として，実用新案及び意匠の書類を作成し，これらの登録を受けるために，特許庁に出願し

たところ，実用新案は無審査でまもなく登録となり，また，意匠も審査の上でやがて登録になった。

　そうすると，八木は，実用新案権及び意匠権を取得したので，これらの活用を考慮することになった。八木は，これらの登録を受けた実用新案及び意匠を自ら実施して製造したトイレカーを販売するか，または，他人に許諾（ライセンス）して，実施料（ロイヤリティ）を得て，トイレカーの実施をさせ，あるいは，これらの権利を他人に譲渡して代金を得るか，いずれかの方策を検討している。

　(2) **起業の例**　八木は，身体障害者を社会参加させるために，登録を受けた実用新案及び意匠を自ら実施して製造したトイレカーを販売する事業を起業することに決定した。ところが，八木は，起業の準備を開始したところ，事業経営の知識や経験に乏しいし，また，資金も研究に費やし底をついていることに改めて気付いた。

　そこで，八木は，かねてから親しい友人に協力を求めたところ，企業の経営に実際に携わったことのある佐藤（仮名），また，親譲りの財産家の鈴木（仮名）から快い承諾を受けた。八木は，実用新案権及び意匠権を出資することにし，また，鈴木は，金銭を出資し，佐藤は，経営に参加することを約束した。

　そうすると，八木は，佐藤や鈴木と相談して，どのような企業の形態を選択して起業すべきかを検討することになった。これら三人が参加すると，個人企業ではなく，共同企業となるが，組合企業するか，あるいは，会社の形態にするか，また，これをいずれかに決めたとしても，組合にも，会社にも，いろいろな形態が残るからである。

　(3) **危ない会社の判断例**　八木は，トイレカーを製造及び販売する「株式会社優成」（仮名）を設立することに決定し，自ら代表取締役（社長）となり，佐藤を取締役（専務），また，鈴木を取締役として，この会社

の経営に従事している。ある日，突然，「日本運送株式会社」代表取締役小沢と名乗る人物がこの会社を訪問し，代表取締役八木と面談し，「貴社のトイレカーを100台購入したい」という注文をした。

　ところが，八木は，今まで，日本運送（株）という会社の存在を知らなかったし，また，代表取締役小沢という人物も聞いたことがなかった。

　そこで，八木は，この会社と取引をすべきか否かを取締役佐藤に相談をした。その結果，佐藤は，日本運送（株）の実在と代表取締役小沢というのは事実であるか否か，また，それらが事実であったとしても，信用力のない「危ない会社」であるか否か，という調査をすることになった。

　佐藤は，早速，日本運送（株）の「登記簿謄本」と「決算公告書」を入手して来て，これらの分析をした。登記簿の記載をみると，日本運送（株）の実在と代表取締役小沢の存在が確認され，また，決算公告書の貸借対照表及び損益計算書の記載を調べると，信用力のある会社であることが判明した。その結果，代表取締役八木は，取締役会を開催し，日本運送（株）との取引をすることに決定した。

　(4) **証券取引の例**　（株）優成は，日本運送（株）に対し，トイレカーを100台販売する売買契約を締結した。この契約の履行にあたり，日本運送（株）は，「売買代金を現金ではなく小切手で支払いたい」という申出をし，（株）優成も，別に問題はないので，これに同意した。日本運送（株）の代表取締役小沢は，小切手を切り，（株）優成の代表取締役八木に手渡した。

　また，日本運送（株）は，トイレカーの需要が伸びて来たので，業務拡張をするために，トイレカー50台を（株）優成に再び注文して来た。ところが，日本運送（株）は，今回，資金繰りの都合で，売買代

金の支払を約束手形にしてもよいかという申出をして来た。

そうすると，代表取締役八木は，取締役会を開催し，取締役佐藤と鈴木と相談をし，日本運送（株）の前回の取引における支払及び今回の資金繰りの事情を考慮し，約束手形の支払でもよい，という結論となった。

2．解答

上記の事例における四つの問題を解決するために，次の通り，基本的な考え方（ヒント）を示してみたい。

(1) **知的財産の理解**　実用新案・意匠・商標を始め，知的財産の保護に関する問題である。わが国の法制において，「知的財産とは何か，また，これに対してどのような保護が与えられるか」という知識を前提として，実際，これらの保護を考えてみるとよい。そのためには，第四章の「知的財産」を理解して欲しい。

(2) **企業形態の理解**　どのような組合又は会社にするか，という企業形態の選択に関する問題である。わが国の法制において，「企業とは何か，また，企業の形態にはどのようなものがあるか」という知識を前提として，適当な企業形態に絞り込むのがよい。そのためには，第一章の「企業の法」を理解して欲しい。

(3) **株式会社の理解**　株式会社の法的な仕組み（システム）に関する問題である。わが国の法制において，「株式会社とは何か，また，株式会社はどのような仕組みから成り立っているか」という知識を前提として，登記簿謄本及び決算公告書に基づいて，株式会社の法的な存在及び信用力「危ない会社」を見分けて欲しい。そのためには，第二章の「株式会社」を理解して欲しい。

(4) **手形・小切手の理解**　手形・小切手を始め，有価証券の取引に

関する問題である。わが国の法制において，「手形や小切手とは何か，また，どのような取引が行われているか」という知識を前提として，手形や小切手の実例に基づいて解決するのがよい。そのためには，第三章の「有価証券」を理解して欲しい。

§2．資料

1．株式会社優成の定款

```
株式会社　優成　定款
```

平成　年　月　日作成

第1章　総則

第1条（商号）　当会社は，株式会社優成と称する。

第2条（目的）　当会社は，次の事業を営むことを目的とする。
　　　1．トイレカーの製造・販売に関する業務
　　　2．トイレカーの貸付に関する業務
　　　3．前各号に付帯する一切の業務

第3条（本店の所在地）　当会社は，本店を神奈川県××市××一丁目1番1号に置く。

第4条（公告の方法）　当会社の公告は，官報に掲載してする。

第2章　株式

第5条（発行可能株式総数）　当会社の発行可能株式総数は，400株とする。

第6条（株券の発行）　当会社の株式については，株券を発行しない。

第7条（株式の譲渡制限）　当会社の株式の譲渡又は取得については，株主又は取得者は株主総会の承認を受けなければならない。

第8条（株主名簿記載事項の記載又は記録の請求）　当会社の株式取得者が株主名簿記載事項を株主名簿に記載又は記録することを請求するには，株式取得者とその取得した株式の株主として株主名簿に記載され，若しくは記録された者又はその相続人その他の一般承継人が当会社所定の書式による請求書に署名又は記名押印し，共同して請求しなければならない。

2　前項の規定にかかわらず，利害関係人の利益を害するおそれがないものとして法務省令に定める場合には，株式取得者が単独で株主名簿記載事項を株主名簿に記載又は記録することができる。

第9条（質権の登録及び信託財産の表示）　当会社の株式につき質権の登録又は信託財産の表示を請求する定時株主総会において権利行使すべき株主とする。ただし，当該基準日株主の権利を害しない場合には，当会社は，基準日後に，募集株式の発行，合併，株式交換又は吸収分割等により株式を取得した者の全部又は一部を，当該定時株主総会において権利を行使することができる株主と定めることができる。

2　前項のほか，株主又は質権者として権利を行使すべき者を確定するため必要があるときは，取締役の決定により，臨時に基準日を定めることができる。ただし，この場合には，その日を2週間前までに公告するものとする。

第12条（株主の住所等の届出）　当会社の株主及び登録された質権者又はその法定代理人若しくは代表者は，当会社所定の書式によ

り，その氏名，住所及び印鑑を当会社に届け出なければならない。届出事項に変更が生じた場合における，その事項についても同様とする。

第13条（募集株式の発行）　募集株式の発行に必要な事項の決定は株主総会の特別決議によってする。

第3章　　株主総会

第14条（招集）　当会社の定時株主総会は，事業年度末日の翌日から3か月以内に招集し，臨時総会は，その必要がある場合に随時これを招集する。

2　株主総会を招集するには，会日より1週間前までに，株主に対して招集通知を発するものとする。

第15条（議長）　株主総会の議長は，社長がこれにあたる。社長に事故があるときはあらかじめ社長の定めた順序により他の取締役がこれに代わる。

第16条（決議）　株主総会の決議は，法令又は定款に別段の定めがある場合のほか，出席した議決権のある株主の議決権の過半数をもって決する。

2　会社法第309条第2項に定める決議は，議決権を行使することができる株主の議決権の3分の1以上を有する株主が出席し，出席した当該株主の議決権の3分の2以上に当たる多数をもって行う。

第17条（議決権の代理行使）　株主又はその法定代理人は，当会社の議決権を有する株主又は親族を代理人とて，議決権を行使することができる。ただし，この場合には，総会ごとに代理権を証する書面を提出しなければならない。

第4章　取締役

第18条（取締役の員数）　当会社の取締役は2名以内とする。

第19条（取締役の選任）　当会社の取締役は，株主総会において議決権を行使することができる株主の議決権の数の3分の1以上の議決権を有する株主が出席し，その議決権の過半数の決議によって選任する。

2　取締役の選任については，累積投票によらないものとする。

第20条（取締役の任期）　取締役の任期はその選任後10年以内に終了する事業年度のうち最終のものに関する定時総会の終結の時までとする。

2　補欠又は増員により選任された取締役は，他の取締役の任期の残存期間と同一とする。

第21条（代表取締役）　当会社は代表取締役1名を置き、株主総会の決議をもってこれを定める。

2　代表取締役は社長とし、会社の業務を執行する。

第22条（報酬及び退職慰労金）　取締役の報酬，賞与及び退職慰労金はそれぞれ株主総会の決議をもって定める。

第5章　計算

第23条（事業年度）　当会社の事業年度は年1期とし，毎年4月1日から翌年3月31日までとする。

第24条（剰余金の配当）　剰余金は，毎事業年度末日現在における株主名簿に記載された株主又は質権者に配当する。

第25条（義務の免除）　当会社が，株主に対し，剰余金の支払いの提供をしてから満3年を経過したときは，当会社はその支払いの義務を免れるものとする。

第6章　附　則

第26条（設立に際して出資される財産の価額）　当会社の設立に際して出資される財産の最低額は，金400万円とする。

第27条（最初の事業年度）　当会社の第1期の事業年度は，当会社成立の日から平成〇年3月31日までとする。

第28条（設立当初の役員）　当会社の設立当初の役員は次の通りである。

　　　　　設立時取締役　　　　　八　木
　　　　　設立時代表取締役　　　佐　藤

第29条（発起人）　発起人の氏名，住所及び発起人が設立に際して引き受けた株式数は，次の通りである。

　　　　神奈川県××市××1丁目1番1号
　　　　　　　　普通株式　　40株

以上，株式会社　優成の設立のため，この定款を作成し，発起人が次に記名押印する。

　　　　平成〇年〇月〇日
　　　　　　　　発起人　八木　〇〇

定款別表

当会社の設立に際して現物出資をなす者の氏名，出資の目的たる財産，その価額およびこれに対して割り当てる設立時発行株式数は次の通りとする。

1　現物出資者の氏名　　　　八木　〇〇
2　目的たる財産及びその価額
　　　実用新案権意匠権
　　　　定款に記載された価額　金××××円
3　これに対し割り当てる設立時発行株式数　普通株式　×××株

2．株式会社の登記簿謄本

履歴事項全部証明書

神奈川県××市××1丁目1番1号
株式会社　優成
会社法人等番号0000-00-000000

商　号	株式会社　八木	
	株式会社　優成	
本　店	神奈川県××市××1丁目2番1号	平成15年9月1日移転
		平成15年9月9日登記
	神奈川県××市××1丁目1番1号	平成22年3月23日移転
		平成22年3月23日登記
公告をする場所	官報に掲載してする	
	日本経済新聞に掲載してする	平成19年6月8日変更
		平成19年6月19日登記
会社成立の年月日	平成11年12月1日	
目　的	1．自動車の製造・販売に関する業務 2．自動車の貸付に関する業務 3． 4． 5．前各号に付帯関連する一切の業務	
	1．トイレカーの製造・販売に関する業務 2．トイレカーの貸付に関する業務 3． 4． 5． 6．前各号に付帯関連する一切の業務 　　　　平成20年6月23日変更　平成20年6月30日登記	
発行可能株式総数	400株	平成16年2月4日変更
		平成16年2月18日登記
発行済株式の総数並びに種類及び数	発行済株式の総数 　　　　100株	平成16年7月3日変更
		平成16年7月8日登記

整理番号　ノ112696　　※　下線のあるものは抹消事項であることを示す。

神奈川県××市××1丁目1番1号
株式会社　優成
会社法人等番号００００－００－００００００

株券を発行する旨の定め	当会社の株式については、株券を発行する		
		平成17年法律第87号第136条の規定により平成18年5月1日登記	
		平成17年7月15日廃止　平成19年4月12日登記	
資本金の額	金　400万円	平成16年7月3日変更	
		平成16年7月8日登記	
株式の譲渡制限に関する規定	当会社の株式を譲渡するには、取締役会の承認を要する		
役員に関する事項	取締役　　八木○○	平成17年6月29日重任	
		平成17年7月6日登記	
	取締役　　八木○○	平成19年6月26日重任	
		平成19年7月11日登記	
	取締役　　八木○○	平成21年6月23日重任	
		平成21年6月30日登記	
	取締役　　佐藤○○	平成17年6月20日就任	
		平成17年7月6日登記	
	取締役　　佐藤○○	平成19年6月26日重任	
		平成19年7月11日登記	
	取締役　　佐藤○○	平成21年6月23日重任	
		平成21年6月30日登記	
	取締役　　佐藤○○	平成22年6月23日重任	
		平成22年6月30日登記	
	取締役　　鈴木○○	平成17年6月20日就任	
		平成17年7月6日登記	
	取締役　　鈴木○○	平成19年6月26日重任	
		平成19年7月11日登記	

整理番号　ノ１１２６９６　　※　下線のあるものは抹消事項であることを示す。

神奈川県××市××1丁目1番1号
株式会社　優成
会社法人等番号０００－００－０００００

	取締役　　　鈴　木　○○	平成21年6月23日重任
		平成21年6月30日登記
	取締役　　　鈴　木　○○	平成22年6月23日重任
		平成22年6月30日登記
	神奈川県××市××1丁目1番1号 代表取締役　　　八　木　○○	平成17年6月29日重任
		平成17年7月6日登記
	神奈川県××市××1丁目1番1号 代表取締役　　　八　木　○○	平成19年6月26日重任
		平成19年7月11日登記
	神奈川県××市××1丁目1番1号 代表取締役　　　八　木　○○	平成21年6月23日重任
		平成21年6月30日登記
登記記録に関する事項	設立	
		平成11年12月1日登記

これは登記簿に記録されている閉鎖されていない事項の全部であることを証明した書面である。
（東京法務局管轄）

　　　　　　　　　平成○年○月○日
　　　　　　　　　横浜地方法務局○○出張所
　　　　　　　　　登記官

　　　　　　　　　　　　　　　　相　模　太　朗　[職印]

整理番号　ノ１１２６９６　　※　下線のあるものは抹消事項であることを示す。

3．株式会社の決算公告

第〇期決算公告

平成〇年6月30日　　　　　　　　　神奈川県××市××一丁目1番1号
　　　　　　　　　　　　　　　　　　株式会社　優成
　　　　　　　　　　　　　　　　　　　　代表取締役　八木〇〇

貸借対照表の要旨
（平成〇年3月31日）　　　　　　　　　　　単位：百万円（単位未満切捨て）

資産の部		負債及び純資産の部	
流動資産	416,408	流動負債	157,576
固定資産	978,830	製品保証引当金	1,558
有形固定資産	235,979	その他	156,017
無形固定資産	22,145	固定負債	11,973
投資その他の資産	720,705	退職給付引当金	5,386
		役員退職慰労引当金	177
		その他	6,409
		負債合計	169,550
		株主資本	1,211,909
		資本金	40,000
		資本剰余金	1,165,418
		資本準備金	1,165,418
		利益剰余金	6,490
		その他利益剰余金	6,490
		評価・換算差額等	13,778
		その他有価証券評価差額金	13,778
		純資産合計	1,255,687
資産合計	1,395,238	負債・純資産合計	1,395,238

損益計算書の要旨
（自　平成〇年4月1日　至　平成〇年3月31日）単位：百万円（単位未満切捨て）

科目	金額	科目	金額
売上高	618,533	経常利益	7,056
売上原価	420,735	特別利益	1,000
売上総利益	197,798	特別損失	48,622
販売費及び一般管理費	185,550	税引前当期純損失	40,565
営業収益	12,247	法人税、住民税及び事業税	△ 150
営業外収益	9,294	法人税等調整額	△ 19,854
営業外費用	14,485	当期純損失	20,561

4．手形・小切手

約束手形用紙

東京 1301
0014－612

支払期日　平成　年　月　日
支払地
支払場所　株式会社　　　銀行支店

約　束　手　形　AA 63911

殿

※
金額

上記金額をあなたまたはあなたの指図人へこの約束手形と
引き換えにお支払いいたします

平成　年　月　日

振出地
住　所
振出人　　　　　　　　　　㊞

No. 001
㊞ 収入印紙

手形裏書

表記金額を被裏書人またはその指図人へお支払い下さい。
平成　年　月　日　　　　　　　拒絶証書不要
住所

（目的）

| 被裏書人 | | 殿 |

表記金額を被裏書人またはその指図人へお支払い下さい。
平成　年　月　日　　　　　　　拒絶証書不要
住所

（目的）

| 被裏書人 | | 殿 |

表記金額を被裏書人またはその指図人へお支払い下さい。
平成　年　月　日　　　　　　　拒絶証書不要
住所

（目的）

| 被裏書人 | | 殿 |

表記金額を被裏書人またはその指図人へお支払い下さい。
平成　年　月　日　　　　　　　拒絶証書不要
住所

（目的）

| 被裏書人 | | 殿 |

表記金額を受取りました
平成　年　月　日
住所

【5】起業と運営 107

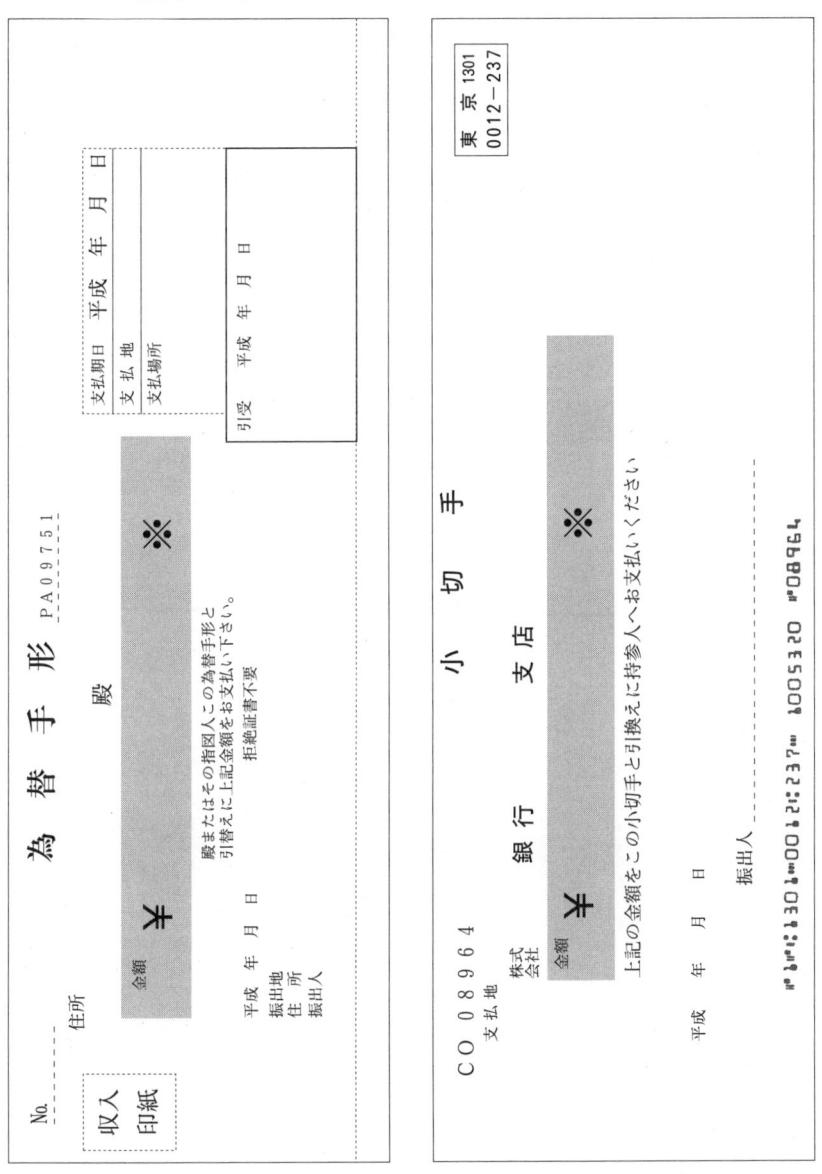

為替手形用紙　　　　　　　　　　小切手用紙

著者紹介
小島　庸和（こじま・つねかず）
　　高千穂大学教授・弁理士
　　主著「工業所有権と差止請求権」（1986　法学書院）
　　「特許権の消耗の法理」（2002　五絃舎）

企業と法

2011年5月12日　初版発行

著　者：小島　庸和
発行者：長谷　雅春
発行所：有限会社　五絃舎
　　　〒173-0025　東京都板橋区熊野町46-7-402
　　　TEL・FAX：03-3957-5587
検印省略　Ⓒ　2011 Kojima Tsunekazu
組版：Office Five Strings
印刷・製本：モリモト印刷
Printed in Japan
ISBN978-4-86434-004-5

落丁本・乱丁本はお取り替えいたします。
本書より無断転載を禁ず。